Contabilidade pública: inovações, aplicações e reflexos

Alvaro Martim Guedes • João Paulo Silvério

EDITORA
intersaberes

Rua Clara Vendramin, 58 . Mossunguê
CEP 81200-170 . Curitiba . PR . Brasil
Fone: (41) 2106-4170
www.intersaberes.com
editora@editoraintersaberes.com.br

editora-chefe • Lindsay Azambuja

supervisora editorial • Ariadne Nunes Wenger

analista editorial • Ariel Martins

capa • Fabio Vinicius da Silva (*design*)

• Shutterstock (imagens)

fotografias e projeto gráfico • Raphael Bernadelli

iconografia • Vanessa Plugiti Pereira

Dado internacionais de Catalogação na Publicação (CIP)
(Câmara Brasileira do Livro, SP, Brasil)

✦ ✦ ✦

Guedes, Alvaro Martim
Contabilidade pública: inovações, aplicações e reflexos/ Alvaro Martim Guedes, João Paulo Silvério. Curitiba: InterSaberes, 2016. (Série Gestão Pública)

Bibliografia.
ISBN 978-85-5972-034-1

1. Contabilidade pública 2. Contabilidade pública – Brasil I. Silvério, João Paulo. II. Título. III. Série.

16-02281 CDD-657.61

✦ ✦ ✦

Índices para catálogo sistemático:
1. Contabilidade pública 657.61

1ª edição, 2016.

Foi feito o depósito legal.

EDITORA intersaberes

DIALÓGICA

SÉRIE GESTÃO PÚBLICA

O selo DIALÓGICA da Editora InterSaberes faz referência às publicações que privilegiam uma linguagem na qual o autor dialoga com o leitor por meio de recursos textuais e visuais, o que torna o conteúdo muito mais dinâmico. São livros que criam um ambiente de interação com o leitor – seu universo cultural, social e de elaboração de conhecimentos –, possibilitando um real processo de interlocução para que a comunicação se efetive.

Sumário

Apresentação

Esta obra tem por objetivo apresentar os elementos mais utilizados no cotidiano dos registros contábeis. A contabilidade pública, ou *contabilidade aplicada ao setor público* (termo emergente), é definida em livros-texto como aquela contabilidade aplicada à Administração Pública e que, portanto, segue as normas do direito público. Realmente, é isso o que ocorre e o que a torna peculiar. Porém, a essência da contabilidade, ou seja, o registro de valores expressos em moeda corrente, por meio de um sistema específico que organize os atos e fatos de um órgão público qualquer que detenha um patrimônio, não se altera mesmo quando esse órgão está submetido às normas de direito público.

A contabilidade dos órgãos do Estado – de um hospital, de uma fábrica e de qualquer outra organização – é sempre um sistema de registro de valores que segue determinado método. Nesta obra apresentaremos o que é importante para que você compreenda como a contabilidade aplicada ao setor público funciona.

Você pode ser um estudante de Economia, Administração, Contabilidade ou de outra área qualquer que se interesse ou demande uma melhor compreensão do que determina as ações dos registros contábeis. Para que você possa desenvolver esse estudo adequadamente, o livro está estruturado em capítulos, de modo a facilitar o entendimento dos conteúdos relativos à contabilidade aplicada ao setor público.

Sendo assim, no Capítulo 1 oferecemos uma visão ampla dos conceitos que envolvem a contabilidade, os quais estão, de certa forma, sendo revistos, devido ao fato de o Brasil ter aderido à normas internacionais de contabilidade utilizadas em vários outros países. O principal efeito dessa adesão foi possibilitar à nossa prática contábil a recuperação de meios fundamentais para gerar informações preciosas, antes muito pouco utilizadas.

No Capítulo 2, veremos os princípios contábeis e o plano de contas, entre outros vários conteúdos. O objetivo desse capítulo, além da reflexão teórica, é propiciar a você uma visão aplicável da contabilidade e de como ela se estrutura e atende às necessidades de geração de informações.

O Capítulo 3 versa sobre os princípios contábeis e sua aplicação na contabilidade do setor público. Conhecê-los permite uma compreensão ampla da real finalidade da contabilidade pública. Além disso, aqui também serão apresentadas as demonstrações contábeis, que fornecem informações destinadas para que decisões sejam tomadas pelos administradores públicos. O conjunto de informações, princípios e demonstrativos deste capítulo permitirão uma visão abrangente dos fundamentos e da utilização da contabilidade no setor público.

Por último, no Capítulo 4, discutiremos o controle interno, que é um tema muitas vezes analisado superficialmente pela literatura correlata, pois somente observam-se as formalidades a que esse controle atende. Neste material ofereceremos uma visão mais ampla do que significa *controlar* e também vamos caracterizar sua importância fundamental, ainda muito pouco explorada na prática.

Esperamos que você possa se beneficiar com essa leitura e que isso traga para todos nós uma Administração Pública cada vez mais voltada para sua finalidade: a de promover o bem público!

Como aproveitar ao máximo este livro

Este livro traz alguns recursos que visam enriquecer seu aprendizado, facilitar a compreensão dos conteúdos e tornar a leitura mais dinâmica. São ferramentas projetadas de acordo com a natureza dos temas que vamos examinar. Veja a seguir como esses recursos se encontram distribuídos no decorrer desta obra.

Logo na abertura do capítulo, você fica conhecendo os conteúdos que serão nele abordados.

Conteúdos do capítulo:

- Novas normas de contabilidade aplicadas ao setor público;
- Características da contabilidade pública;
- Regimes contábeis;
- Legislação contábil brasileira;
- Processamento da receita e da despesa;
- Comentários às Leis n. 4.320/1964 e n. 101/2000.

Perguntas & respostas

1. **A implantação de um sistema de custos é possível, tendo em vista a pouca experiência existente?**

   Um sistema de custos não é somente uma rotina de natureza contábil. Envolve também uma cultura, ou seja, atitudes de todos no controle cotidiano de gastos. O setor público controla suas despesas mais pela escassez, pela contenção ou restrição, do que pelo uso eficiente. Sendo assim, hoje o maior desafio é entender que, mesmo havendo recursos disponíveis para realizar o que a administração pública exige, ganhos nos resultados (tais como preços menores, economias de insumos, diminuição de desperdícios e outras ações dessa natureza) poderão ser efetivamente obtidos caso seja desenvolvido um sistema de custos de apoio capaz de demonstrar onde há uso indevido de recursos.

2. **A sociedade está preparada para exercer um controle social sobre a Administração Pública?**

   O tema do controle social é amplo e complexo. Alguns entendem que basta haver denúncias quando ocorre uso indevido de recursos da Administração Pública. Não é somente isso. A experiência de muitos países nos ensina que a prática de assumir responsabilidades em função de um avanço social, ou seja, em busca de uma sociedade de iguais condições entre todos os cidadãos, é o melhor meio de promover o desenvolvimento, e os diversos demonstrativos previstos na Lei n. 101/2000, entre outros mais, são importantes para isso. Embora ainda não estejamos todos voltados para uma prática política mais forte, que não se restrinja a somente participar de eleições, mas que inclua também o envolvimento direto com ações mais efetivas, o que hoje nossa legislação nos oferece é muito importante.

178

Nesta seção, os autores respondem a dúvidas frequentes relacionadas ao conteúdos do capítulo

Consultando a legislação

A Lei n. 4.320/1964 deverá ser consultada nos art. 35, 47, 48, 49, 50, 52, 53, 58, 59, 60 e 61. Quanto à Lei Complementar n. 101/2000, deve-se consultar o art. 4º, parágrafo 1º, e o art. 2º, além de seus incisos. As NBCASPs passaram por alterações desde sua publicação inicial. A versão mais atualizada pode ser obtida no seguinte endereço eletrônico:

CFC – Conselho Federal de Contabilidade. **Normas Brasileiras de Contabilidade:** Contabilidade Aplicada ao Setor Público – NBCs T 16.1 a 16.11. Brasília, DF, 2012. Disponível em: <http://portalcfc.org.br/wordpress/wp-content/uploads/2013/11/setor_publico.pdf>. Acesso em: 24 fev. 2016.

60

Nesta seção, você confere como se apresenta a fundamentação legal do assunto que estamos desenvolvendo no capítulo, em toda sua abrangência, para você consultar e se atualizar.

Nesta seção a proposta é acompanhar passo a passo a resolução de alguns problemas mais complexos que envolvem o assunto do capítulo.

Exercícios resolvidos

1. Com base nas contas contábeis referentes aos lançamentos típicos da Administração Pública a seguir relacionados, indique a natureza da conta com "P" (Patrimonial) "O" (Orçamentária) e "C" (Controle):

Conta Contábil	*Natureza*
4.1.1.2.1 – IPTU	P
6.2.2.1.1 – Crédito Disponível	O
7.2.1.1 – Controle das disponibilidades de recursos	C
2.1.3.1.1 – Fornecedores a curto prazo	P
6.2.2.1.3 – Crédito empenhado a liquidar	O

Comentários:

a. A arrecadação desse valor impacta no patrimônio, aumentando-o, daí sua natureza patrimonial.

b. Essa é uma conta de natureza orçamentária, uma vez que indica valores e serem executados durante o exercício previstos em orçamento.

c. A própria nomenclatura da conta não deixa dúvidas de sua natureza.

d. O efeito de tal conta é direto sobre o patrimônio, há um efeito passivo, diminuindo, portanto, o patrimônio, daí sua natureza.

e. Típica conta orçamentária vinculada à despesa.

2. Com base nos dados do balanço orçamentário a seguir, assinale (V) verdadeiro ou (F) falso:

Receita prevista	R$ 120.000,00	Despesa empenhada	R$ 100.000,00
Receita realizada	R$ 110.000,00	Despesa liquidada	R$ 95.000,00
Despesa fixada	R$ 120.000,00	Despesa paga	R$ 90.000,00

140

Você pode consultar as obras indicadas nesta seção para aprofundar sua aprendizagem.

Para saber mais

A literatura de contabilidade sempre apresenta em seus livros os princípios contábeis geralmente aceitos. A intenção é oferecer um fundamento conceitual à contabilidade. O mesmo ocorreu com a contabilidade pública, após a adoção de normas internacionais. Ainda é muito recente a repercussão dessas normas, em particular quanto aos princípios contábeis, no setor público. Um órgão de governo que tem sido muito profícuo em oferecer reflexões e orientações consistentes é a Secretaria do Tesouro Nacional (STN). Lá é possível encontrar um Manual de Contabilidade Aplicada ao Setor Público bem interessante. Recomenda-se também a inscrição na STN para a obtenção informativos atualizados e a permanente oferta de discussões pertinentes à contabilidade pública.

BRASIL. Tesouro Nacional. Disponível em: <http://www.tesouro.fazenda.gov.br/>. Acesso em: 24 fev. 2016.

Também há vários artigos na rede mundial de computadores (internet) que tratam do controle social da administração pública. A leitura de textos com esse tema é bem esclarecedora. Você deverá selecionar alguns para compreender melhor o significado desse controle e os seus objetivos. Há uma publicação bem interessante, embora não diretamente vinculada à contabilidade pública, sob o título *Repensando o público através da sociedade*, de autoria de Nuria Cunill Grau, da Editora Enap Revan, de 1998, que trata da questão do papel da sociedade como meio de determinar as ações do Estado. As publicações do STN, que podem ser pesquisadas no endereço a seguir, são também uma fonte importante que sempre está sendo atualizada.

89

capítulo um

Estrutura conceitual da contabilidade aplicada ao setor público

Conteúdos do capítulo:

- Novas normas de contabilidade aplicadas ao setor público (NCASPs).
- Características da contabilidade pública.
- Regimes contábeis.
- Legislação contábil brasileira.
- Processamento da receita e da despesa.
- Comentários às Leis n. 4.320/1964 e n. 101/2000.

A contabilidade aplicada ao setor público recentemente passou por adaptações para atender às normas internacionais da área. A intenção desses ajustes foi a de possibilitar o mesmo uso, no Brasil, de uma nomenclatura contábil internacional e, assim, propiciar a apresentação de balanços e demonstrativos em conformidade com os mesmos padrões utilizados por outros países, o que significa, sobretudo, permitir que as interpretações sobre o uso de recursos e os consequentes efeitos no patrimônio público atendessem a esses padrões. Sem dúvida, é essa uma intenção de mérito, pois a possibilidade de controle social sobre o uso e sobre a finalidade dos bens públicos e dos recursos que eles exigem poderá ser ampliada.

As novas normas contábeis aplicadas ao setor público (NCASP), aprovadas pelo Conselho Federal de Contabilidade (CFC), encontraram, no entanto, leis já existentes. O Brasil, há um bom tempo, detém uma eficiente legislação de contabilidade pública. Além de normas específicas, contamos com a Lei n. 4.320, de 17 de março de 1964 (Brasil, 1964), que nos tem permitido promover uma gestão financeira e orçamentária suficientemente bem controlada, ou seja, com registros contábeis consistentes. É de se observar, ainda, que a criação da Lei Complementar n. 101, de 4 de maio de 2000 (Brasil, 2000b) foi viável justamente pela existência da Lei n. 4.320/1964. Tanto a simplicidade quanto a praticidade da lei de 1964 foram decisivas para o surgimento de novas leis e orientações técnicas.

Para que você possa compreender essa legislação (tanto as normas internacionais quanto nossa legislação), é necessário, inicialmente, conceituarmos a contabilidade aplicada ao setor público, ou seja, apresentarmos as características dessa contabilidade, afinal, elas colocam em evidência a finalidade da contabilidade pública. O objetivo deste capítulo é conceituar a contabilidade pública e, em seguida, apresentar os parâmetros legais que orientam as atividades dessa área.

1.1 *Características da contabilidade aplicada ao setor público*

A contabilidade, quando aplicada a uma empresa, um hospital, uma fundação, uma prefeitura, uma autarquia, uma entidade filantrópica ou qualquer outra organização pública ou privada, deverá atender a normas e práticas contábeis preestabelecidas, caso contrário, a finalidade da contabilidade seria difusa. Patrimônios não seriam corretamente mensurados e valores obtidos ou despendidos teriam seus montantes contestados; enfim, haveria uma confusão quanto aos números obtidos após a consolidação contábil. Dessa forma, princípios e práticas contábeis devem ser acatados e utilizados por convenção, ou seja, devem ser claramente definidos e utilizados igualmente por todos que registrem valores movimentados e acumulados pelas mais diversas instituições.

Outro aspecto a ser observado é que a contabilidade do setor público, assim como a contabilidade de uma empresa privada, tem como objeto o **patrimônio**. A diferença entre essas duas contabilidades ocorre quanto à **finalidade** desse patrimônio. Em uma organização de iniciativa privada, o que se pretende mensurar são os recursos mobilizados por sua atividade e se essa mobilização está resultando em variações líquidas que aumentam o patrimônio da empresa para, assim, resguardar os interesses dos proprietários. A contabilidade empresarial verifica, portanto, se os interesses de um grupo restrito (empreendimento e proprietários) estão sendo preservados. Na contabilidade pública, há igualmente interesses a serem resguardados – os de uma coletividade. Dessa forma, o que a contabilidade pública mensura são igualmente as variações decorrentes do uso do patrimônio, porém quanto ao atendimento das demandas sociais. A contabilidade, nessas condições, deve ser orientada para mensurar, permanentemente, o resguardo de amplos interesses.

Além disso, a contabilidade aplicada ao setor público não prevê lucro ou prejuízo e não mensura, ao final do exercício fiscal, variações no patrimônio líquido decorrentes do confronto entre receitas e despesas como as originadas em uma relação comercial – que pode apresentar resultados positivos (lucros) ou negativos (prejuízos). As variações do patrimônio público decorrem da arrecadação realizada e da execução dos programas de trabalho expressos no orçamento público; ocorrem, portanto, porque há um planejamento de ações, expresso em um orçamento público, porém **não** necessariamente condicionado a manter as receitas maiores que as despesas. Isso porque as movimentações das receitas e das despesas decorrem de fatores independentes entre si, pois não há um vínculo econômico entre esses dois valores. Nas empresas, ao contrário, somente serão obtidas receitas se houver prévia despesa e esta, por sua vez, determinará em boa medida o montante de receitas futuras.

Dessa forma, é possível elencar as seguintes características da contabilidade pública:

- **Inexistência de lucro ou prejuízo** – inicialmente, é obrigatório observarmos que o lucro ou prejuízo exigem uma relação de propriedade sobre o capital. Isso porque somente é possível beneficiar-se de dividendos (decorrentes do lucro) ou perder riqueza investida (um prejuízo) caso estejam presentes a condição de acionista ou de proprietário do capital de uma empresa. Essa é a relação estabelecida como *favorecido* ou *prejudicado*, devido à propriedade sobre os valores investidos na empresa e subscritos na forma de capital. Sem a condição de proprietário ou acionista, não é possível haver ganho ou perda sobre a rentabilidade de um negócio. A condição de proprietário inexiste no setor público. Ninguém, isolada ou coletivamente, é dono do patrimônio público e não poderá, consequentemente, beneficiar-se exclusivamente dele. Não há, portanto, lucro ou prejuízo a ser contabilizado.

Considerando esse fato, caso ao final do ano fiscal o patrimônio público venha a apresentar uma variação econômica positiva (aumento), esta será incorporada sem qualquer distribuição de excedentes, ou seja, não haverá nenhuma distribuição direta ou indireta de resultado para indivíduos ou empresas. É importante observarmos que o elemento contábil *lucro* ou *prejuízo* não é contabilizado no setor público sob as normas de direito público*.

- **Independência econômica entre receitas e despesas** – na mesma condicionalidade em que lucro ou prejuízo inexistem na contabilidade pública, a vinculação econômica entre receitas e despesas também não ocorre. Embora devam sempre orientar-se no sentido de manter liquidez no Tesouro, os fatores que determinam a obtenção de receitas ou a necessidade de arcar com despesas são de natureza social, circunscritos pelo que o orçamento determina ou, em boa medida, independentes de uma ação direta do setor público. Isso porque os recursos de natureza tributária, que constituem a principal fonte de financiamento do Estado, nunca poderão ultrapassar certos limites sem enfrentar restrições macroeconômicas, legais ou sociais. No caso de uma empresa, tais limitações não ocorrem da mesma forma porque, caso a empresa almeje ampliar seu faturamento, ela pode realizar ações de sua iniciativa exclusiva, mesmo que o mercado em que atue apresente-se adverso. A empresa pode propor promoções, tais como incentivos às vendas em suas lojas, campanhas publicitárias, descontos, facilidades no crédito etc. Todas essas

* O setor público também é constituído por entidades descentralizadas, tais como autarquias, fundações, organizações sociais e empresas públicas. Algumas delas são regidas por normas de direito privado, como é o caso de fundações, organizações sociais e empresas públicas. No caso destas últimas, é contabilizado o lucro ou prejuízo. A não ocorrência de lucro ou prejuízo está restrita à administração direta e às autarquias e fundações públicas.

medidas podem acarretar em benefícios econômicos para a organização. Caso o setor público se utilize de incentivos semelhantes (como no caso de ganhos permitidos aos fiscais de renda ao realizarem autuações), o limite dos possíveis aumentos de arrecadação já é predeterminado, ou seja, nunca irá ultrapassar o que foi estabelecido em leis e não poderá desrespeitar fatos geradores. O setor público não poderá jamais "criar" novos contribuintes; empreendimentos privados, por sua iniciativa exclusiva, podem atingir novos clientes e, assim, ampliar sua participação no mercado. Além do mais, o setor público não gera renda – ele beneficia-se dela, que é principalmente derivada da situação econômica. Em relação às despesas, algo semelhante ocorre. Nas organizações particulares, aumentos de despesas trazem, em princípio, novas receitas futuras. No setor público, porém, os aumentos de despesas dependem, principalmente, da prévia autorização legal e, em segundo lugar, da possibilidade de atendê-las (recursos disponíveis no Tesouro e limites ao endividamento). Sendo assim, o que determina os montantes de receitas ou despesas é o que está previsto no orçamento público e na legislação que o ampara. Fora desse orçamento, inexistem tanto a receita quanto a despesa*. É bom destacarmos, no entanto, que os valores previstos no orçamento público, tanto de receitas quanto de despesas, podem não ser verificados ao final do exercício. Isso, porém, ocorre por fatores que influenciam cada um desses itens em particular; ou seja, os fatores que determinam os níveis de arrecadação não serão os mesmo que determinam o nível de despesa e vice-versa.

◆ ◆ ◆

* As movimentações extraorçamentárias, não previstas no orçamento, são compensatórias e não influem nos montantes de despesas e receitas para a execução de programas, exceto quando, sob certas condições, sejam incorporadas ao patrimônio.

- **Contabilidade orientada pela execução do orçamento** – dada a ausência de lucro ou prejuízo e a ausência de vínculo econômico entre receitas e despesas, o fator que possibilita orientar o equilíbrio fiscal são os limites fixados para despesas e as previsões de receitas*. A contabilidade aplicada ao setor público realiza seus registros pelas alterações patrimoniais previstas, que, por consequência, refletem o que está sendo executado em termos de programas de trabalho e pela dinâmica da arrecadação, ambos, como afirmamos anteriormente, independentes entre si. Além do mais, a contabilidade pública no Brasil adota o regime contábil misto: competência para despesas e caixa para receitas. Tal regime, conservador em sua essência, somente reconhece receitas no momento do seu efetivo embolso, enquanto as despesas já são contabilizadas quando do seu fato gerador. O confronto entre esses valores certamente favorece a situação deficitária, fato que implica uma gestão orçamentária e financeira de cautela e restrição. Por isso, é necessário atribuir maior significado ao orçamento público, pois é dentro de seus limites que a contabilidade pública pode se orientar. As despesas jamais podem ir além dos limites fixados e as receitas ocorrem dentro de previsões, tanto acima quanto abaixo.

Essas características da contabilidade pública indicam que os registros contábeis decorrem de fatos geradores presentes na execução do orçamento público e, consequentemente, sempre comparáveis com as previsões contidas nesse orçamento. Portanto, quando da execução de uma receita, ocorre o registro das variações patrimoniais; no entanto, o orçamento é utilizado como o principal indicador de *performance*, pois o registro de uma receita arrecadada é

* * *

* Ressalve-se, porém, o fato de que um comportamento da receita em níveis inferiores ao previsto pode acarretar uma diminuição intencional das despesas. Isso ocorre, contudo, por decisão administrativa e não por restrição orçamentária.

sempre contabilizado em função do que está previsto no orçamento. O mesmo ocorre quando da execução de uma despesa, que somente pode ser autorizada caso exista um valor-limite, fixado no orçamento, que a permita. Em síntese, toda a sistemática contábil pública não seria possível sem a ausência de lucro, a não vinculação econômica entre receitas e despesas e o controle orçamentário.

No entanto, é importante enfatizarmos que a característica de contabilidade orientada por meio de orçamento nos coloca diante de uma questão técnica hoje muito presente, dadas as NBCASPs. A questão é complexa, mas podemos entendê-la com facilidade partindo, inicialmente, do que está expresso no art. 35 da Lei n. 4.320/1964. Esse artigo e seus incisos determinam que pertencem ao exercício financeiro:

> Art. 35 [...]
>
> I – as receitas nele arrecadadas;
>
> II – as despesas nele legalmente empenhadas. (Brasil, 1964)

O que depreendemos daqui é que, ao se definir que as receitas pertencem ao exercício financeiro em que são arrecadadas, elas somente são reconhecidas (é feito o devido registro contábil) quando recolhidas aos cofres públicos. Sendo assim, as receitas estão dentro do regime contábil de caixa. Isso quer dizer que somente quando efetivamente dentro dos cofres públicos é que elas serão contabilizadas.

A sistemática da cobrança de tributos, taxas e demais fontes de recursos financeiros públicos é, no entanto, antecipada pelo **lançamento da receita**, conforme o determinado no art. 53 da Lei n. 4.320/1964. Nesse momento de lançamento, ato administrativo que reconhece um valor específico e seu devedor, não se está contabilizando uma receita, pois ela, por ainda não estar recolhida aos cofres públicos, não é contabilizada, apesar de o Poder Público estar diante de um valor que é seu por direito. Em outras palavras, embora ao lançar uma receita, ou seja, indicar com clareza quem é o devedor, o prazo para pagamento, o fato gerador e os demais elementos que tornam tal receita lançada um direito do Estado de receber determinado valor, **não** está sendo reconhecido um valor ativo passível de ser somado ao patrimônio público. Caso, portanto, a receita fosse contabilizada quanto ao efeito patrimonial, quando do lançamento da receita (art. 53, Lei n. 4.320/1964), esse seria o momento de contabilizá-la, dentro do que definimos como *regime de competência*, que indica que o fato gerador (no caso, o lançamento da receita) seria o momento certo para reconhecer a receita e, assim, realizar registros contábeis para determinar um total de valores ativos pertencentes ao patrimônio público, recolhidos ou não aos cofres públicos.

Dado esse aspecto, o CFC, quando da definição das Orientações Estratégicas para a Contabilidade Aplicada ao Setor Público, indica que:

> Assim, em linhas gerais, as IPSAS[*] dispõem sobre uma Contabilidade Patrimonial Integral, o que requer o registro de todos os itens de bens, direitos, obrigações e patrimônio líquido da entidade considerada, e estabelecem o regime de competência para o reconhecimento de receitas e despesas. Sem a adoção desse regime, diversos ativos e passivos podem não ser reconhecidos, e o objetivo de evidenciar a situação financeira e os resultados do exercício fica fortemente prejudicado. (Brasil, 2015b, p. 11)

Sendo assim, o que as NCASPs buscam determinar é a superação do atual regime misto adotado, em que receitas estão em regime de caixa e despesas, em regime de competência. Com o regime de

* Do Inglês *International Public Sector Accouting Standards*, em português "Normas Internacionais de Contabilidade Aplicada ao Setor Público".

competência tanto para receitas quanto para despesas, o papel do orçamento público, como maior meio de controle contábil, fica, portanto, minimizado. O orçamento não está, evidentemente, revogado, até porque o subsistema de contabilidade orçamentária permanecerá. No entanto, o subsistema de contabilidade patrimonial ganha maior significado, pois é mais abrangente quanto ao registro de receitas. No que se refere a esses aspectos, em outro capítulo iremos explorar adequadamente o significado desses subsistemas que pertencem à contabilidade pública. Desde já adiantamos que a contabilidade aplicada ao setor público se vale de registros contábeis em partidas dobradas que se subdividem em sistemas, escolha que permite, diante de certos fatos geradores, maior número de registros a débito e crédito do que normalmente ocorre na contabilidade das empresas.

1.2 *Os marcos legais da contabilidade pública no Brasil*

A Lei n. 4.320/1964 é um marco legal importante para a contabilidade pública no Brasil, pois sua sanção coroou todo um processo de disciplinamento para o registro de fatos contábeis. Em período posterior, editou-se a Lei Complementar n. 101/2000, conhecida como *Lei de Responsabilidade Fiscal* (LRF), e da Lei n. 10.028, de 19 de outubro de 2000 (Brasil, 2000a), conhecida como *Lei de Crimes Fiscais*. Recentemente, em 2008, o Brasil aderiu às NBCASPs. Todas essas normatizações tiveram como principal objetivo possibilitar uma clara padronização contábil aplicável a todos os entes públicos – federais, estaduais e municipais –, com vistas a promover um permanente equilíbrio fiscal. Esse disciplinamento normativo possibilitou, em momento posterior, a introdução de técnicas de planejamento orçamentário e o consequente aumento do controle das finanças públicas. Além disso, tendo em vista o desenvolvimento dos recursos tecnológicos para o processamento de dados, tem sido possível consolidar as contas públicas em tempo real e com precisão. Com todos esses recursos legais e tecnológicos, o trabalho para o registro contábil tem se tornado cada vez mais rápido, seguro e confiável. Nesta obra, vamos ver os marcos legais e suas principais peculiaridades, a fim de destacar aspectos importantes para bem compreender seus efeitos.

As novas normas contábeis adotadas pelo Brasil

As normas contábeis com vistas a uma padronização internacional têm seu início nos Estados Unidos, quando da criação, em 1973, do Financial Accounting Standards Board (FASB). No mesmo ano, dez países* criaram o International Accounting Standards Committee (IASC). A distinção entre eles se refere aos profissionais que os organizaram. Enquanto o FASB foi estruturado por especialistas da área de finanças, o IASC foi organizado por estudiosos da área de contabilidade. Esses organismos constituem-se em comitês (*boards*) com vistas a definir regras internacionais de contabilidade, inclusive para o setor público.

Durante certo tempo, esses dois organismos disputaram o *status* internacional, ou seja, a condição de órgão único para definir, em âmbito mundial, a regras contábeis a serem adotadas por todos os países signatários de suas orientações. Em 2001, o IASC foi reformulado e passou a adotar o nome de International Accouting Standard Board (IASB). A partir de então, essa instituição consolidou sua hegemonia e, atualmente, quase todos os países estão convergindo para os padrões de contabilidade desse órgão, incluindo os Estados Unidos.

As normas estabelecidas pelo IASB para o setor público estão definidas nas International Public Sector Accounting Standards

✦ ✦ ✦

* França, Alemanha, Países Baixos e Reino Unido, Irlanda, Estados Unidos, Canadá, México, Japão e Austrália.

(IPSAS). Essas normas, por sua vez, foram adotadas pela International Federation of Accountants (IFAC).

No intuito de integrar o Brasil ao movimento internacional de convergência, foi publicado no Diário Oficial da União (DOU), em 26 de agosto de 2008, a Portaria MF n. 184, que tinha como finalidade, expressa em seu *caput*, dispor "sobre as diretrizes a serem observadas no setor público (pelos entes públicos) quanto aos procedimentos, práticas, elaboração e divulgação das demonstrações contábeis, de forma a torná-los convergentes com as Normas Internacionais de Contabilidade Aplicadas ao Setor Público" (Brasil, 2008).

Para que essa convergência às normas internacionais pudesse ser realizada, foi criado um **Comitê Gestor da Convergência**, que buscou estabelecer um conjunto de ações na forma de orientações para o setor público. No documento divulgado pelo CFC, intitulado *Orientações Estratégicas para a Contabilidade Aplicada ao Setor Público*, são definidas como orientações estratégicas (Brasil, 2015b, p. 7):

a. convergência aos padrões internacionais de contabilidade aplicados ao setor público;
b. implementação de procedimentos e práticas contábeis que permitam o reconhecimento, a mensuração, a avaliação e a evidenciação dos elementos que integram o patrimônio público;
c. implantação de sistema de custos no âmbito do setor público brasileiro;
d. melhoria das informações que integram as Demonstrações Contábeis e os Relatórios necessários à consolidação das contas nacionais;
e. possibilitar a avaliação do impacto das políticas públicas e da gestão, nas dimensões social, econômica e fiscal, segundo aspectos relacionados à variação patrimonial.

É possível notarmos que diversas inovações são pretendidas com essas novas normas, que ainda estão em fase de implementação. Assim, muitas dúvidas e questionamentos ainda deverão ser solucionados. Mesmo assim, destacamos que algumas das orientações não são novidade. Exemplo disso é a criação de um sistema de custos. Desde a década de 1950, quando da introdução do **orçamento por programas** (técnica divulgada pela Organização das Nações Unidas – ONU), já se apresentava a necessidade de introdução de um levantamento de custos, pois um orçamento por programas somente pode ser plenamente viável caso haja custos definidos. O custo de um programa deve ser o determinante para a opção entre programas possíveis. Até a presente data, os orçamentos públicos nunca foram orientados por tal sistema de custos, mesmo decorridas várias décadas desde a introdução da técnica.

Nos últimos anos, algumas tentativas de introduzir sistemas de levantamento de custos têm se mostrado viáveis em virtude da ampla informatização de contas públicas no Brasil em todos os âmbitos de governo (União, estados e municípios). No entanto, essas técnicas não têm sido amplamente utilizadas e não têm atendido ao seu propósito maior, que é o de auxílio nos processos de tomada de decisão. Mesmo assim, um sistema de custos é mais do que necessário, principalmente na busca de maior eficiência do setor público. Um sistema de custos que acompanhe, em tempo real – algo possível em função do elevado grau de informatização das contas públicas no Brasil –, a dinâmica contábil atenderá à necessidade de preservação e ao bom uso dos sempre escassos recursos públicos. Além disso, servirá a contento para que o controle social seja plenamente exercido.

Com base nesse panorama apresentado, é possível compreender que essas orientações estratégicas necessitam ser aplicadas ao setor público. No entanto, a compreensão do seu significado e de sua aplicabilidade exige o conhecimento das normas legais vigentes, que orientam e determinam como bem contabilizar atos e fatos relativos ao patrimônio público e ao controle formal a ser exercido. A seguir, vamos discorrer sobre essas normas com os destaques relevantes.

Lei n. 4.320/1964

Editada em 17 de março de 1964, após um período de debates e elaboração, a Lei n. 4.320 estatuiu "Normas Gerais de Direito Financeiro para elaboração e controle dos orçamentos e balanços da União, dos Estados, dos Municípios e do Distrito Federal" (Brasil, 1964). Alguns interpretam que a referida lei, dada sua abrangência, poderia ser também aplicada ao Terceiro Setor, ainda carente de legislação contábil e financeira específica. O fato é que se trata de uma lei de consistente aplicabilidade, embora exista quem a considere passível de revogação ou alteração. Sua maior contribuição foi orientar o processamento da receita e da despesa pública, que permite a elaboração de balanços e demonstrativos, inclusive os preconizados na Lei n. 101/2000.

O processamento de receitas e despesas significa a regulamentação do ingresso e da saída de recursos patrimoniais públicos. O que a lei regulamenta são etapas para a realização de movimentações financeiras, ou seja, para a efetiva execução de um orçamento público. Destacaremos aqui as etapas relevantes na execução do orçamento*. Outros elementos contábeis contidos na Lei n. 4.320/1964 também são importantes porém, daremos neste momento destaque somente a algumas etapas para que você possa iniciar sua compreensão do significado e das ações relativas à contabilidade pública e ao efeito patrimonial dessas etapas. A seguir, vamos discorrer sobre o que cada uma delas representa.

♦ ♦ ♦

* As etapas que constituem o processamento (ou estágios) das receitas são as seguintes: previsão (ou fixação), lançamento, arrecadação e recolhimento. Quanto às despesas, o processamento divide-se em: programação, licitação, empenho, liquidação e pagamento.

Lançamento

A previsão da receita é o valor que consta no orçamento público aprovado. Alguns autores definem essa etapa, dentro do processamento da receita, como a de fixação da receita. *Fixação* ou *previsão* indicam um valor a ser inicialmente contabilizado (registrado em uma conta específica) que permitirá os demais registros contábeis.

No art. 53 da Lei n. 4.320/1964 está definido que o lançamento da receita é "o ato da repartição competente, que verifica a procedência do crédito fiscal e a pessoa que lhe é devedora e inscreve o débito desta" (Brasil, 1964). Isso significa que o reconhecimento de uma receita pública é um ato administrativo com vistas à cobrança de valores. No entanto, o lançamento deveria corresponder ao registro de um ativo, ou seja, deveria apontar um valor a ser apropriado ao patrimônio público. Esse registro não ocorre porque o art. 35 da mesma lei determina que somente serão receitas as **recolhidas** no exercício, o que ocorre em etapa posterior ao lançamento da receita.

O processamento da receita corresponde esquematicamente às etapas da representadas na Figura 1.1.

Figura 1.1 – Etapas do processamento da receita

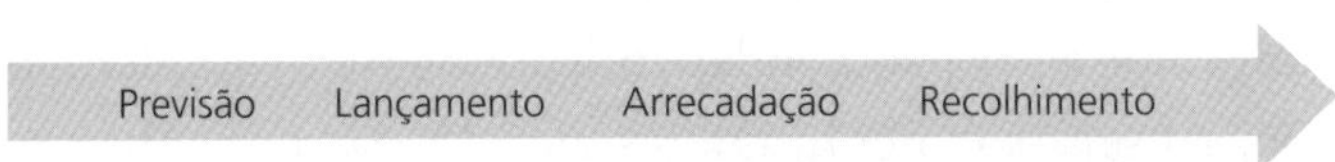

A Lei n. 4.320/1964 somente reconhece ou contabiliza a receita no momento do recolhimento, última etapa do processamento. O que está sendo proposto na atualidade, por consequência da aplicação das novas normas de contabilidade, é que o registro contábil seja feito no momento do lançamento. A receita lançada irá constituir-se em um valor patrimonial, sendo assim uma receita a receber.

O lançamento, na forma como é feito hoje, é somente um ato administrativo sem nenhum reflexo patrimonial, a não ser após o vencimento do prazo de arrecadação previsto, quando esse valor é inscrito na dívida ativa*. Por consequência dessa nova prática contábil, os orçamentos públicos dificilmente apresentarão déficits, que somente poderão ser verificados na movimentação financeira.

Recolhimento

O recolhimento é o repasse que os órgãos arrecadadores (agências bancárias, lotéricas etc.) realizam ao depositar os valores arrecadados na conta-corrente do Tesouro Público (da União, dos estados ou dos municípios). Nesse momento há o registro contábil do ingresso do valor recolhido. A contabilidade aplicada ao setor público, atualmente praticada, registra esse valor recolhido como *receita*. Com as novas normas, esse momento de recolhimento de valores aos cofres públicos deve permanecer contabilizado, porém como um valor de movimentação financeira a ser descontado da receita lançada. O resultado desse registro contábil será o de identificar a receita lançada e o saldo já recolhido. Na forma atual, somente há o valor recolhido em confronto com o valor estimado em orçamento público.

Empenho

O empenho é um comprometimento da despesa dotada no orçamento público. A Lei n. 4.320/1964, porém, qualifica o empenho como um valor a ser pago, independentemente de implemento de condição, ou seja, sob nenhuma restrição**. Ao empenhar, o setor público estará assumindo um compromisso de pagamento. Essa condição, expressa no art. 58 da Lei n. 4.320/1964, possibilita, ao final do exercício, a inscrição na forma de Restos a Pagar de valores empenhados, porém não pagos até o dia 31 de dezembro do ano fiscal

◆ ◆ ◆

* Por *dívida ativa* entendemos os valores que, por decurso de prazo, são devidos ao erário público. Sendo assim, uma vez lançado o crédito (tributário e não tributário) e não pago na data prevista, o devedor será inscrito na Dívida Ativa.

** O texto da Lei n. 4.320/1964, em seu art. 58, determina que "O empenho de despesa é o ato emanado de autoridade competente que cria para o Estado obrigação de pagamento pendente ou não de implemento de condição" (Brasil, 1964).

(art. 36, Lei n. 4.320/1964)*. Contudo, como iremos comprovar no próximo item, o empenho não é necessariamente um compromisso de pagamento, haja vista a possibilidade de poder ser anulado e a necessidade da comprovação da execução da despesa.

O empenho, conforme determinado no art. 35 da Lei n. 4.320/1964, é também o valor da despesa do exercício. Os empenhos atribuem à despesa o regime de competência**: despesas empenhadas no exercício são despesas a ele pertencentes. É o empenho que determina orçamentariamente o valor da despesa, independentemente de esta ter sido paga ou não.

Os empenhos classificam-se da seguinte forma: **ordinário, por estimativa** e **global**. A necessidade de tipificar cada um dos empenhos decorre das características da execução do orçamento e da despesa que está sendo assumida.

Os empenhos ordinários são aqueles em que a despesa é claramente determinada quanto ao valor específico e ao objeto. Por isso a condição de ordinário, usual, corriqueiro, normal. O empenho ordinário, expresso em uma Nota de Empenho, especifica claramente o que está sendo adquirido, seu valor determinado, a dotação a que está vinculado e todos os outros detalhamentos necessários para bem caracterizar o ato da despesa. As Notas de Empenho são sempre preenchidas para qualquer um dos três tipos de empenho; contudo, no caso do ordinário, o valor é claramente determinado em relação a um objeto de aquisição ou despesa.

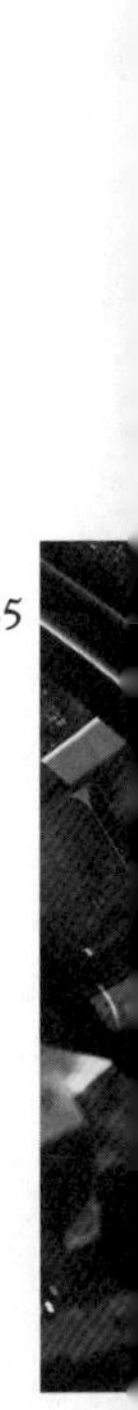

✦ ✦ ✦

* Os Restos a Pagar são diferenciados em *processados* e *não processados*. Os processados correspondem aos que foram liquidados, ou seja, em que foi verificado o direito do credor em receber. Nesse caso, o empenho deverá ser pago, pois, se o direito do credor existe (o direito de receber um valor), é porque o que foi empenhado, foi executado. Isso significa que o serviço foi realizado, o objeto comprado foi entregue ou a obra foi executada. Quando os Restos a Pagar são não processados, é porque houve o contrário disso tudo, ou seja, somente ocorreu o empenho e nada ainda foi realizado.

** O regime de competência ao qual nos referimos aqui é o que compõe o regime misto do orçamento.

Os *empenhos por estimativa*, por sua vez, como o termo permite deduzir, decorrem de valores cujo montante será determinado em situação futura, ainda não plenamente configurada. Haverá igualmente uma Nota de Empenho por Estimativa, porém o valor não corresponde necessariamente ao total da despesa, pois, no ato de empenho, o valor ainda é uma incerteza. A utilidade de tal forma de empenhar é a de executar o orçamento dentro de limites de dotações aprovadas e de planejamento. A estimativa permite ao gestor prever um valor, precavendo-se, assim, quanto às futuras pressões de pagamento.

Já o empenho global é o resultante de valores passíveis de soma e facilita, dessa forma, a administração de valores com maior agilidade. Um exemplo de empenho global é aquele em que os valores de um aluguel de determinado imóvel irão repetir-se ao longo de um ano. Sendo assim, basta multiplicar o valor de um mês pelo número de meses que serão pagos para se ter a certeza e a segurança de um valor que irá comprometer a dotação orçamentária. A antecipação de um valor total a ser pago ao longo de determinado período possibilita ao administrador programar-se com maior segurança quanto às despesas a que se obrigará no futuro.

Liquidação

A liquidação significa o momento de comprovação da execução da despesa. É a etapa em que o valor a ser pago estará plenamente comprovado, pois o que motivou a despesa foi realizado e verificado. Essa verificação é de base legal, pois analisa-se a documentação apresentada (Nota de Empenho, comprovantes legais de contrato, notas fiscais etc.), e também de natureza física, haja vista a comprovação da execução do serviço, obra ou entrega de material, equipamento etc.

A liquidação da despesa está regulamentada no art. 63 da Lei n. 4.320/1964. O importante é notar que o empenho não é suficiente para impor ao órgão público o pagamento de determinado valor – mesmo a lei (art. 58 da Lei n. 4.320/1964) determinando ser o empenho uma obrigação de pagamento. Isso porque essa obrigação somente será plenamente caracterizada **após** a liquidação, que verifica e comprova o comprometimento do pagamento.

Esquematicamente, temos a sequência de etapas no processamento da despesa, conforme a Figura 1.2.

Figura 1.2 – Etapas do processamento da despesa

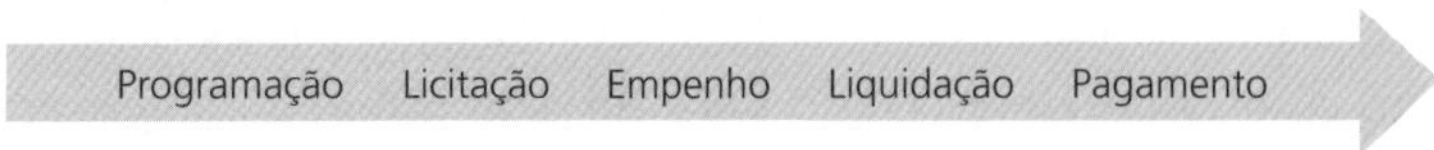

A última etapa, a do efetivo pagamento, é registrada como uma movimentação financeira, ou seja, uma baixa de valor ativo por saída do caixa. No entanto, como já informado, a despesa que é contabilizada é a empenhada. Ela será utilizada ao final do exercício fiscal para o levantamento de balanços e demonstrativos.

Decreto-Lei n. 200/1967

O objetivo principal do Decreto-Lei n. 200, de 25 de fevereiro de 1967 (Brasil, 1967) foi propiciar maior descentralização, que, em termos de Administração Pública, significa delegar a uma entidade ou órgão autonomia maior na realização de determinada atribuição. No período que se seguiu à edição do DL n. 200/1967, ocorreu a criação de um número significativo (no âmbito da União, dos estados e inclusive de municípios) de empresas estatais (empresas públicas e de economia mista), fundações e autarquias. Posteriormente, no primeiro mandato do Presidente Fernando Henrique Cardoso (de 1995 a 1998), ocorreram as privatizações, processos que diminuíram significativamente a presença direta do Estado na atividade produtiva. Nesse meio tempo, anterior às privatizações, entre 1967 e 1995, a presença estatal na atividade produtiva resultou em investimentos diretos em infraestrutura do país, principalmente na geração de energia elétrica, mas impôs desequilíbrios fiscais, além de outros diversos problemas, como o de coordenação na atividade estatal.

A proposta do DL n. 200/1967 era a de criação de sistemas de administração, entre os quais o sistema orçamentário. Com base em um planejamento bem elaborado, um orçamento consistente e uma contabilidade pública confiável, seria possível coordenar uma ação estatal voltada ao desenvolvimento econômico acelerado. Nos primeiros anos, entre 1967 e 1970, o Brasil apresentou um crescimento com taxas elevadas, no período denominado *milagre econômico*. Apesar do sucesso, toda essa formatação da ação do Estado não foi suficiente para evitar as crises que se seguiram. Contudo, o legado do DL n. 200/1967 foi o de introduzir, em caráter definitivo, um sistema de planejamento a partir do qual metas, programas e ações podem ser consistentemente elaborados. Além disso, consagrou-se o orçamento público como um instrumento efetivo de controle das finanças públicas.

Lei Complementar n. 101/2000, ou Lei de Responsabilidade Fiscal

A promulgação da Lei Complementar n. 101/2000, conhecida como *Lei de Responsabilidade Fiscal* (LRF), ocorreu em um momento histórico de desequilíbrio fiscal. Essa lei teve por finalidade possibilitar um controle maior por meio de limites às despesas e ao endividamento. Com isso, além de indicar claramente parâmetros ao tamanho do gasto público, foi oferecida uma maior segurança aos possíveis credores, principalmente do setor financeiro.

Alguns dos seus artigos contrapõem-se, ao criar sobreposições, impasses ou imprecisões, aos previstos na Lei n. 4.320/64, porém não de forma a comprometer ambas as leis. O que a LRF trouxe de maior contribuição foi: determinar limites ao endividamento e ao gasto com pessoal, maior controle de longo prazo com previdência social e um equilíbrio de curto prazo entre receitas e despesas. Ademais, a LRF possibilitou a criação e o uso de novos demonstrativos. Vale destacarmos, porém, que, quando da edição da LRF, o argumento que mais se veiculou para defendê-la foi o de que essa lei iria resgatar o planejamento público ao recuperar o papel do orçamento público. Decorridos vários anos após a edição da LRF, é possível fazer uma apreciação crítica desse efeito. O que se percebe, pela realidade vivenciada principalmente pelos municípios brasileiros, é que o Estado vive em permanente pressão por serviços, sempre dispendiosos, concomitantemente à equivalente pressão contrária pelo não financiamento do setor público (recusa em pagar impostos ou crítica ao aumento deles). Essas questões nos colocam diante do verdadeiro problema: não há lei que possa normatizar plenamente o papel social do setor público.

O que a LRF fez de fato foi possibilitar aos agentes públicos novos meios de análise das contas públicas e o usufruto de meios legais para um maior controle de despesas, principalmente. Questões mais amplas que envolvam a sociedade, sua articulação política, o debate democrático e as contradições dos dirigentes eleitos não podem (e nunca poderão) ser plenamente disciplinadas por lei alguma.

Iremos, a seguir, destacar como cada um desses novos itens de controle foram proporcionados pela LRF.

Anexo de metas fiscais

Por *meta fiscal*, prevista no parágrafo 1º do art. 4º da LRF, devemos entender um valor, relacionado ao confronto entre receitas e despesas, que resulte em uma quantidade de recursos satisfatórios aos cofres públicos. Em outras palavras, os resultados futuros pretendidos, ou as metas, são benefícios financeiros, ou seja, as receitas são maiores que as despesas. Naturalmente, portanto, sempre serão propostas metas fiscais para diminuir estoques de dívidas (restos a pagar ou dívidas consolidadas), aumentar a disponibilidade de recursos (maior liquidez), garantir o pagamento das despesas ou ampliar os investimentos. A intenção de propor a cada ano metas fiscais claramente fixadas, quanto à sua origem e valores, foi um meio de determinar uma gestão financeira com resultados futuros antecipados. Ao final do exercício fiscal (ano civil, 1º de janeiro a 31 de dezembro), haveria um valor como parâmetro para comprovar se ocorreu ou não um gestão financeira eficaz, pois a meta fiscal foi atingida. Trata-se de um mecanismo simples de controle das finanças públicas por meio de uma antecipação dos resultados financeiros. Esse instrumento legal não existia antes da edição da LRF.

As metas fiscais, segundo a LRF, são financiadas pelos resultados primários, resultantes do confronto entre todas as receitas e todas as despesas, exceto aquelas vinculadas à contratação de novas dívidas e ao pagamento das dívidas assumidas anteriormente. Essas metas devem ser apresentadas, a cada ano, na Lei de Diretrizes Orçamentárias (LDO). No caso da União, uma meta fiscal sempre estará relacionada ao Produto Interno Bruto (PIB), que é a somatória, em valores monetários, de todos os bens e serviços produzidos em um país ou região durante um ano. Assim, por exemplo, a União poderá determinar como meta um superávit primário equivalente a 1,2% do PIB. No caso dos estados e dos municípios, esse valor é calculado da mesma maneira, ou seja, com base nas projeções anuais do PIB, porém com um impacto na atividade econômica de menor efeito. Contudo, ao propor determinados resultados relacionados às metas fiscais, sempre serão indicados valores consolidados, ou seja, valores que somam todos os superávits ou déficits do conjunto das contas públicas, o que envolve a União, estados, municípios e o Distrito Federal.

Os riscos fiscais

Diferentemente das metas fiscais, que são valores a serem atingidos, os riscos fiscais devem ser evitados, daí sua condição de potencial prejuízo ou ônus. Esses riscos estarão expressos, em valores, no Anexo de Riscos Fiscais, previsto no parágrafo 3º, art. 4º da LRF. Nesse parágrafo há a menção de serem avaliados os passivos contingentes e outros riscos capazes de afetar as contas públicas e, em última instância, as metas fiscais propostas (resultado nominal e primário, montante da dívida pública etc.).

Para bem compreendermos o significado de *risco fiscal*, o entendimento do que é um passivo contingente é esclarecedora. Primeiramente, é necessário entendermos o motivo de um passivo ser contingente, ou seja, dependente de condições futuras para se configurar plenamente como uma obrigação. Sendo assim, é contingente (ocasional) porque depende de uma situação a ser verificada, pois, no presente, somente apresenta o potencial de vir a ser uma real obrigação. Sendo assim, ao se configurar como obrigação, devem ser realizadas ações para atendê-la.

Um exemplo simples é o de uma municipalidade que empreende uma disputa jurídica que pode tornar-se um passivo a ser pago. Indica-se, assim, no Anexo de Riscos Fiscais, o valor desse montante a ser honrado e as medidas a serem tomadas para que esse valor seja plenamente pago. Essa antecipação ou previsibilidade de valores que venham a onerar o Tesouro Público de maneira mais intensa do que as despesas previstas é aplicável a todos os itens pertencentes a um orçamento público aprovado. Tanto receitas quanto despesas, dívidas ou encargos de previdência podem, em situações futuras, sofrer alterações que acarretem modificações sensíveis em seus valores, obrigando a alterações fiscais compensatórias. Receitas podem vir a ser frustradas pela atividade econômica ou por modificações legais. Despesas podem vir a ser alteradas para valores maiores por decorrência de ações jurídicas que venham a gerar novos encargos, não necessariamente oriundos de dívidas passadas; contenciosos jurídicos podem passar à condição de obrigação de pagamento, entre outras possibilidades de administração, para vir a compensá-las. Para todas essas condições fortuitas e onerosas deve a administração precaver-se ao indicar potenciais medidas na gestão orçamentária e financeira que venham a atender ao que essas situações adversas futuras obriguem. O instrumento que a LRF criou foi o **Anexo de Riscos Fiscais**, uma inovação importante que possibilita ao administrador precaver-se e propor alternativas que permitem atender a novos encargos.

As despesas de caráter continuado

As despesas do setor público, uma vez estabelecidas, dificilmente serão eliminadas. Esse setor, quando assume determinado serviço, compromete-se, portanto, a executá-lo, atendendo a demandas sociais por saúde, educação, saneamento, infraestrutura, meio ambiente etc. Essas demandas, em seu conjunto, tendem a permanecer, pois sempre haverá desequilíbrios sociais, ambientais ou econômicos que exijam algum tipo de ação estatal. Ademais, não é possível imaginar que, em dado momento, com o intuito de promover o equilíbrio fiscal, crianças deixem de ter acesso a vagas na escola pública, hospitais sejam fechados ou rodovias, desativadas. Pode ocorrer falta na oferta de novas vagas em creches e escolas, leitos hospitalares ou rodovias, mas, uma vez ofertada a oportunidade de frequentar uma escola, por exemplo, somente será admissível deixar de fazê-lo caso não existam mais novos alunos. Sendo assim, despesas somente serão declinantes para o setor público caso a necessidade de serviços também se mostre desnecessária, situação dificilmente observada na realidade.

Tendo essa perspectiva social como pano de fundo, podemos afirmar que as despesas tendem a ser somadas às existentes anteriormente. Nesse contexto de acúmulo de encargos, a LRF foi oportuna, ao introduzir o termo *despesas obrigatórias de caráter continuado*, aquelas que, uma vez assumidas, perdurarão por longo prazo – no caso, mais do que dois exercícios (art. 17 da LRF).

Um exemplo claro desse tipo de aumento continuado seria o de um hospital que, uma vez colocado em atividade, passará a exigir, em caráter continuado, novas despesas para sua manutenção e funcionamento. Os mais diversos insumos médicos, a folha de pagamento, a manutenção do imóvel e dos equipamentos e sua substituição por novos serão permanentemente exigidos para o pleno atendimento à população. Com base na LRF, surgiu a perspectiva de associar os investimentos (ou as ampliações de serviços) às despesas correntes necessárias para sua continuidade, o que é uma inovação importante. Com isso, evita-se que novos serviços, uma vez ofertados, fiquem sem os recursos necessários para sua continuidade.

Do ponto de vista prático, a LDO, ao estabelecer metas fiscais em anexo próprio, projeta níveis de receitas e despesas, previstos no orçamento, que irão garantir a obtenção do resultado primário projetado. Assim, segundo a LRF, qualquer despesa de caráter continuado que seja criada deverá estar dentro de uma margem de expansão (aumento de despesas), de modo a não afetar a meta de resultado primário. Por isso é que o crescimento de receitas compensatórias, a diminuição de despesas ou ambas devem passar a constar do orçamento público para que a despesa de caráter continuado seja aprovada. É um mecanismo simples de compensações que visa atender a novas despesas que venham a onerar o erário por um tempo mais longo.

A lei exige, portanto, sempre que uma despesa continuada seja criada, que o ordenador de despesa elabore uma declaração de adequação orçamentária e financeira, de modo a demonstrar o impacto orçamentário e financeiro. Esse tipo de providência visa evitar novos investimentos sem que seja feita uma análise dos gastos para a sua manutenção.

Renúncia de receitas

A renúncia de uma receita ocorre quando o governo deixa de receber um recurso que é legalmente de sua competência arrecadar. Renunciar a uma receita, portanto, significa deixar de receber por vontade própria algum valor ou abrir mão do direito de cobrar. Pode ser realizada por meio de anistia de valores (deixar de arrecadar valores devidos), diminuição de alíquota (o que leva a cobrar menos do que deveria) ou remissões (não aplicar dado tributo ou taxa considerando a condição social do contribuinte). Enfim, são formas pelas quais o resultado será uma arrecadação inferior à prevista ou menor que a autorizada no orçamento público. A intenção de coibir a renúncia de receitas, prática relativamente corriqueira antes da promulgação da LRF, principalmente em municípios (essencialmente por meio de anistias fiscais), foi a de indicar meios compensatórios de receitas. A intenção foi disciplinar a renúncia para cada unidade monetária de recursos não arrecadados por intenção e ação do Poder Público, a serem compensados por outros valores que deveriam neutralizar o valor renunciado, ou seja, caso um valor qualquer não seja arrecadado, uma despesa de igual valor deverá ser cortada ou um valor de outra origem deverá ser cobrado. É esta a intenção da LRF: reverter um processo histórico de perda na arrecadação sem a devida compensação.

Para entendermos bem o significado de *renúncia*, vejamos o caso de uma isenção de IPTU para imóveis com planta popular para a população menos favorecida. Nesse caso, a LRF não impede a renúncia de receita, que ocorrerá por meio de uma isenção. A questão recai sobre a renúncia de receita **durante** a execução do orçamento, pois o resultado primário estabelecido no Anexo de Metas Fiscais poderá ser comprometido. Assim, a lei determina a compensação, por meio da criação ou do aumento de outro imposto, de forma a garantir a meta fiscal esperada. Trata-se de uma equação simples entre valores facilmente identificáveis.

É importante observarmos que a renúncia de receitas está prevista na Constituição Federal, em seu art. 165, parágrafo 6º, que determina que o orçamento público aprovado seja acompanhado por um demonstrativo com as consequências fiscais dessa renúncia. Na LRF, Seção II do Capítulo III – "Da Receita Pública" –, há a regulamentação pertinente à renúncia de receitas.

Limites ao endividamento

A dívida pública tem a finalidade econômica, entre outras, de controle da base monetária, ou seja, controle da quantidade de dinheiro em circulação. Os efeitos desse controle para a atividade produtiva como um todo são fundamentais. Se houver muito dinheiro em circulação, há a possibilidade de realização de compras e contratações. Caso a atividade produtiva não consiga atender à demanda por serviços e produtos, poderá ocorrer um aumento de preços indesejado, ou seja, inflação. Sendo assim, a dívida pública, controlada pelo Banco Central (Bacen), tem a finalidade principal de determinar a taxa de juros e a disponibilidade de empréstimos dos bancos para empresas e pessoas. Em última instância, a dívida pública determina a quantidade de dinheiro disponível para compras, o que irá afetar a demanda, estimulando-a ou não.

Essa, sem dúvida, é uma explicação bem simplificada. A compreensão mais ampla dos efeitos da dívida pública é bem mais complexa. Aqui, no entanto, é necessário deixarmos claro que endividar-se não é obrigatoriamente um problema a ser superado, ou seja, não significa que a ocorrência de uma dívida é um problema de descontrole das finanças públicas. No âmbito da União, isso não é totalmente verdade. Contudo, no que se refere aos estados e aos municípios, a dívida pública tem outro significado que não o controle da base monetária (dinheiro disponível para circulação). Estados e municípios endividados devem sempre manter-se em determinado limite, para evitar o comprometimento dos pagamentos correntes (salários e consumo). Caso as dívidas do estado ou do município comprometam a capacidade de pagamento de suas despesas correntes, eles deverão obrigatoriamente empreender esforços para saldar primeiro suas dívidas e, com isso, equilibrar as contas.

Para promover tal tipo de controle do grau de endividamento, a LRF indica a existência de dois tipos de resultados: o **primário** e o **nominal**. *Resultado primário*, como o termo já sugere (o que acontece primeiro, em primeiro lugar), é o que decorre do confronto entre o total das receitas e despesas, exceto as de natureza financeira (dívidas assumidas ou concedidas que implicarão despesas ou receitas financeiras). *Primário* porque indica a arrecadação de valores necessários para manter as atividades do setor público, excluindo seu financiamento financeiro*. Assim, o resultado primário é composto pela diferença entre todas as receitas arrecadadas por meio de tributos, taxas, contribuições de melhoria, alienação de ativos, aluguéis, doações recebidas, empréstimos compulsórios etc. e as despesas, pagas para atender ao custeio do Estado (pessoal, material de consumo, contratos de serviços etc.).

Para entendermos o significado de *resultado nominal*, é necessário antes entendermos o que é **dívida líquida consolidada**. Essa dívida resulta, basicamente, do confronto do total dos valores obtidos por empréstimos e correspondentes encargos (serviço da dívida) com o total dos valores das disponibilidades (caixa, bancos etc.) e dos direitos (haveres) financeiros. Sendo assim, um resultado nominal maior indica que há uma proporção de endividamento **maior**. No caso contrário, o que se observa é uma relação de endividamento **menor**.

Depois dessa explicação inicial, vamos às implicações do resultado nominal. Ele decorre do confronto de todos os valores pagos contra os recebidos no processo de endividamento e de concessão de crédito somados aos valores correntes pagos e recebidos. Caso haja um resultado nominal superavitário, necessariamente a dívida líquida será crescente e, portanto, o grau de endividamento público estará aumentando.

Vamos a um exemplo numérico. Observe a Tabela 1.1.

* O financiamento financeiro abrange o crédito de que dispõe o setor público, expresso na sua dívida consolidada, que poderá financiar seus investimentos ou saldar dívidas anteriores (refinanciar a dívida).

Tabela 1.1 – Exemplo de variação da dívida líquida consolidada

	Ano 1	*Ano 2*
Dívida Líquida Consolidada	R$ 41.088.429.980,73	R$ 44.029.567.434,95
Resultado Nominal	R$ 2.060.997.564,31	R$ 2.941.137.454,22
Resultado Primário	R$ 1.928.250.358,57	R$ 2.308.780.268,48

Fonte: Adaptado de Minas Gerais, 2008.

O que ocorreu? A dívida consolidada líquida apresentou um aumento. O resultado primário, por sua vez, foi sempre superavitário e o mesmo superávit foi observado no resultado nominal. Para entendermos o que esses números significam, devemos primeiramente observar que o resultado nominal no Ano 2 decorre da diferença entre as dívidas líquidas dos dois anos. Sendo assim (a tabela comprova), essa dívida líquida aumentou entre os dois anos. O resultado primário igualmente aumentou nos dois períodos. O que concluímos disso tudo? Que houve um aumento do endividamento e que o resultado primário foi utilizado para saldar parte dessa dívida. Em outras palavras, ocorreu um aumento da dívida mesmo com seu financiamento por meio de um superávit primário.

Dessa forma bastante simples, os dados observados nesses demonstrativos e nos valores de referência revelam-se úteis para interpretações e análises. Ademais, todos esses dados são acompanhados de metas expressas nos Anexos de Metas Fiscais. O que se obtém com todos esses dados são indicadores seguros de *performance* econômica.

Mecanismos de contenção de despesas

O orçamento público aprovado estima a receita e fixa a despesa, ambas de igual valor. O orçamento público aprovado na forma de Lei Orçamentária Anual (LOA) sempre deverá ser equilibrado. Durante a execução orçamentária, no entanto, a receita poderá ser maior ou menor do que aquela aprovada no orçamento, ou seja, considerando que se trata de uma estimativa, poderá variar para mais ou para menos. No caso da despesa, contudo, como ela é fixada, não poderá exceder os limites estabelecidos nos créditos orçamentários da LOA. Tanto que, se a arrecadação for maior que a prevista, será necessário pedir novas autorizações ao legislativo para realizar novas despesas ou para aumentá-las. Caso a situação seja inversa, ou seja, caso a arrecadação ocorra abaixo do previsto, o executivo deverá contingenciar as despesas até o limite da arrecadação, de forma a não comprometer as metas fiscais. Essa dinâmica está prevista no art. 9º da LRF: ao final de cada bimestre, caso a receita não corresponda ao previsto, no mês seguinte deverão ser promovidas limitações de empenhos, em consonância com os critérios definidos na LDO. Se, porém, a receita retornar a patamares normais, os empenhos poderão ser novamente realizados, na mesma proporção em que foram restringidos e mesmo que parcialmente. A intenção da LRF é corrigir desequilíbrios durante a execução, evitando, assim, que pequenos desequilíbrios em acúmulo no decorrer da execução se transformem em um grande déficit financeiro ao final do exercício.

Maior controle de gastos com previdência

Os gastos com a denominada *previdência social* se referem aos valores pagos para atender pensões e aposentadorias. Quando são regulamentados os pagamentos para esses valores, obrigatoriamente deverão ser previstas, sempre em prazo longo (30 anos ou mais), as fontes de recursos que deverão atendê-los. Sendo assim, assumem-se no presente despesas previdenciárias a serem atendidas, mas elas de fato serão pagas em situações futuras, e nem sempre há previsão de recursos suficientes para atendê-las. É como se um indivíduo assumisse a compra de um imóvel a ser pago ao longo de 25 anos com parcelas crescentes com base em índices superiores aos do seu salário. Passados alguns anos, essas parcelas passariam a ser maiores que o próprio salário do indivíduo.

A LRF, naturalmente, é insuficiente para bem disciplinar tal matéria, pois, no caso de pagamentos previdenciários, o que de fato merece atenção são os futuros beneficiários, que, ao atingirem a condição de aposentados ou pensionistas, contarão exclusivamente com esses valores previdenciários para sua sobrevivência. Sendo assim, muitos outros disciplinamentos (constitucionais e leis específicas) regulamentam a questão do financiamento de gastos previdenciários. Cabe, portanto, à LRF antever pressões por recursos e definir meios para atendê-los de forma plena. Sendo assim, em resumo, o que a LRF determina, em seu Capítulo IV, Seção III, "Das Despesas com Seguridade Social", é que os recursos para atender aos fundos previdenciários devem indicar claramente o montante necessário, sempre em um longo prazo, evitando assim desequilíbrios entre as contribuições e o montante de benefícios.

Limites aos gastos com pessoal

Um dos itens que mais contribuiu positivamente para a almejada responsabilidade fiscal foi a definição clara, precisa e plenamente factível de limites de gasto com pessoal. Antes da LRF, nada havia para estabelecer um parâmetro de valor com a despesa de pessoal. Contudo, mais do que disciplinar esse gasto, a lei introduziu um referencial dinâmico, ou seja, estabeleceu meios de promover uma ação continuada e segura quanto aos limites de despesa com pessoal, de forma a não comprometer as demais despesas.

Antes de entendermos como ocorrem esses limites de gastos com pessoal, é necessário compreendermos o que significa a **receita corrente líquida** (RCL). Essa receita é o resultado da somatória de todas as receitas correntes, subtraídas as despesas correntes, de modo a atender basicamente aos compromissos previdenciários (obrigações sociais) e às despesas constitucionalmente determinadas. Para compreendermos esse cálculo, tomemos como exemplo os estados que, além de despesas previdenciárias, devem realizar transferências, na forma de cota-parte, para os municípios. Sendo assim, um cálculo da RCL dos estados seria a somatória da todas as receitas correntes subtraídas as despesas previdenciárias e somadas as transferências aos municípios. Outros valores podem ser computados nesse exemplo de cálculo, em conformidade com outras determinações constitucionais ou leis específicas: trata-se basicamente das obrigações sociais somadas às transferências constitucionais que resultam na RCL. Essa é, por sua vez, calculada a cada 12 meses. Dessa forma, quando pretendemos calcular, por exemplo, o valor da RCL do mês de fevereiro do ano 2012, somamos a RCL desse mês de referência mais os 11 que o antecederam. Com essa forma de calcular, é possível comparar mensalmente as variações da RCL, pois sempre serão comparados valores que incluem as sazonalidades da receita* obtida no período.

Depois de termos visto como é calculada a RCL, é possível também compreendermos seu significado e sua importância para o setor público. Assim como indivíduos recebem seu salário líquido mensal, a regularidade de um valor livre de encargos e obrigações servirá de parâmetro para dimensionar gastos que tendem a ser honrados igualmente com regularidade e certeza. Em outras palavras, quando o âmbito do setor público (União, estados, municípios ou Distrito Federal) acompanha sua principal fonte de financiamento com base em um cálculo seguro, é possível atender aos gastos dos seus objetivos e compromissos em plena conformidade com as disponibilidades de recursos. Em outras palavras, quando dispõem de valores claros e determinados, os governantes podem realizar seu planejamento de despesas com maior segurança.

✦ ✦ ✦

* Por *sazonalidade* deve ser entendida a variação que o total de receitas recolhidas apresenta no período de um ano. Por exemplo: no caso de municípios que tenham uma participação significativa em suas receitas dos valores da cota-parte (ICMS transferido). Nesse caso, ao início do ano, as receitas correntes tendem a ser de maior volume. Quando do cômputo da RCL abrangendo 12 meses (o mês de referência mais os 11 que o antecedem), sempre abrangerá, para esse cálculo, esse período em que a receita mostra-se maior. Igualmente, os períodos em que ela é menor serão abrangidos. Caso o valor calculado da RCL fosse menor ou maior do que 12 meses de referência, haveria distorções no valor calculado para fins de comparação, pois essas sazonalidades ocorrem sempre dentro do período compreendido no ano fiscal de 1º de janeiro a 31 de dezembro.

Sendo assim, o cálculo do limite com gastos de pessoal deve ser sempre uma percentagem da RCL. Esse valor relativo acarreta a imposição de um limite total de forma a não comprometer os outros gastos; deve-se considerar nesse âmbito a possibilidade de variação para cima (aumento), caso a receita venha a ocorrer de forma crescente. Isso significa que a despesa com pessoal não precisa ser sempre a mesma no seu total, pois pode crescer se houver crescimento da receita. Além disso, esses dois crescimentos não impedirão que as outras despesas sejam comprometidas.

Os valores com a despesa de pessoal devem ser de 60% da RCL nos casos dos estados e municípios e de 50% no caso da União. Há ainda uma distribuição desse percentual entre os poderes (Executivo, Legislativo, Judiciário e Ministério Público). Esse disciplinamento de valores relativos está na LRF, na Subseção I, "Definições e Limites", da Seção II, "Das Despesas com Pessoal", inserida no Capítulo IV da referida lei. É relevante também saber que há meios claramente determinados para manter ou retornar a esses níveis de limites de gastos com pessoal previstos na LRF.

Apesar disso, a possibilidade de demissões de servidores públicos com a finalidade de manter o percentual de gastos dentro dos limites previstos não é regulamentada nessa lei, mas em outros meios normativos. Despesas com pessoal contam com um parâmetro seguro na LRF, mas não há meio legal que faça com que o ente público retorne ao nível desejado. Ainda assim, a LRF auxilia, e muito, a regular o limite total e, sobretudo, a evitar que esse limite seja ultrapassado. Esse controle, por sua vez, está fortemente expresso no denominado *limite prudencial*, termo que não consta da LRF, mas que é muito utilizado em referência ao previsto no parágrafo único do art. 22, que determina que, resumidamente, caso a despesa total com pessoal venha a exceder 95% do limite de despesa com pessoal, algumas medidas passarão a ser proibidas (implementação de planos de carreira, aumentos salariais, criação de cargos e contratações etc.).

Lei n. 10.028/2000, ou Lei de Crimes Fiscais

A Lei n. 10.028, de 19 de outubro (Brasil, 2000b) também conhecida como *Lei de Crimes Fiscais*, foi promulgada no mesmo ano que a LRF, ou seja, no ano de 2000. Ela aplica o Código Penal nos casos de crimes contra as finanças públicas. Dessa forma, fortalece um dos pilares da LRF, que é a responsabilização dos gestores pela gestão dos recursos públicos. Isso significa que as informações contábeis prestadas pelos administradores dos recursos públicos devem ser fidedignas e confiáveis. A maior garantia das informações ocorre por meio do acompanhamento sistemático da execução do orçamento público, orientado pelas premissas da LDO e demais anexos e indicadores, principalmente de resultado nominal e primário e por meio da divulgação das informações padronizadas (demonstrativos e balancetes), obrigatoriamente com o uso da rede mundial de computadores (internet). Com isso, a contabilidade passou a apresentar menos riscos de dados falsos. Com essa lei, além de novos instrumentos e meios bem definidos, aqueles que não atendem à proposta de administração fiscal responsável podem responder legalmente pela prática de atos indevidos. Esse foi sem dúvidas um importante avanço.

Exercícios resolvidos

1. De acordo com a Lei n. 4.320/1964, em seu art. 35, os registros das receitas e despesas devem ocorrer durante a execução do orçamento, dadas as:
   a. ( ) receitas lançadas e as despesas liquidadas.
   b. ( ) receitas previstas e as despesas fixadas.
   c. ( ) receitas arrecadas e despesas pagas.
   d. (x) receitas arrecadadas e as despesas empenhadas.
   e. ( ) receitas e despesas orçamentárias e extraorçamentárias.

Comentário: A Lei n. 4.320/1964, em seu art. 35, determina que pertencem ao exercício financeiro as despesas legalmente empenhadas e as receitas arrecadadas. Sendo assim, para bem atenderem à lei, os registros, explicitados no enunciado, devem ser realizados no exercício financeiro, também conhecido como *exercício fiscal*. O exercício financeiro, no caso do Brasil, se inicia em 1º de janeiro e se encerra em 31 de dezembro.

2. A identificação clara de cada uma das etapas do processamento da receita e da despesa tem como objetivo maior:
   a. ( ) propiciar um maior controle de gastos públicos.
   b. (×) promover um equilíbrio de caixa.
   c. ( ) orientar a execução do orçamento em conformidade com a lei.
   d. ( ) oferecer maior transparência nas despesas financeiras.
   e. ( ) evitar o uso indevido dos recursos disponíveis.

Comentário: As etapas do processamento das despesas e receitas são nitidamente demarcadas por meio de legislação específica e termos que as identificam. Esse esforço visa, sobretudo, garantir um compasso entre ingressos e saídas, embolsos e desembolsos de caixa, para que o almejado equilíbrio de caixa possa ocorrer. Dessa forma, o administrador poderá sempre se antecipar às necessidades de pagamento, pois, ao assumir compromissos a serem honrados (por meio de empenhos principalmente), eles nem sempre deverão ser imediatamente atendidos.

3. A classificação dos empenhos existe porque:
   a. ( ) há diferentes classificações das despesas.
   b. ( ) ocorrem alterações na execução do orçamento.
   c. ( ) é necessário identificar responsáveis pela execução da despesa.
   d. (x) o ato de empenhar reflete peculiaridades das despesas.
   e. ( ) os créditos adicionais exigem clara informação para sua abertura.

   Comentário: Os empenhos decorrem do objeto da compra, ou seja, quando há algo a ser pago, é feita uma nota de empenho que registra as características dessa despesa. Sendo assim, empenhos ordinários são inscritos caso o que venha a ser adquirido seja facilmente identificado quanto ao fornecedor, ao valor, à quantidade etc. Contudo, há casos em que essa facilidade de identificação não ocorre, como no caso de empenhos de obras a serem executadas no futuro, que poderão sofrer alterações de valores. Para esse caso, há o empenho por estimativa. Com base nesses dois exemplos, fica evidenciado que os empenhos decorrem das características do que será executado na forma de despesa, portanto, como assinala a alternativa, reflete o empenho as peculiaridades das despesas.

4. Assinale V (verdadeiro) ou F (falso) quanto às características da contabilidade pública:
   a. (**F**) Não aplicação do método de partidas dobradas.

   Comentário: O registro por meio de partidas dobradas (para todo o crédito haverá concomitante débito) é um método adotado para o pleno registro contábil.

b. (V) Inexistência de lucro ou prejuízo.

Comentário: Indicar que na contabilidade pública inexiste o lucro significa observar que o registro contábil de lucro inexiste, ou seja, não há reconhecimento de valores em saldo positivo que possam vir a ser apropriados por pessoas jurídicas ou físicas proprietárias de valores investidos.

c. (F) Só é utilizada em países com regimes presidencialistas.

Comentário: A adoção de uma contabilidade aplicada ao setor público não detém nenhuma relação com o sistema de governo.

d. (V) Independência econômica entre receitas e despesas.

Comentário: No caso da nossa contabilidade pública, por não haver nenhuma forma de contraprestação de serviços ou oferta de bens sob normas comerciais ou similares, a independência econômica entre receitas e despesas é intrínseca, ou seja, não haveria como condicionar o ingresso das receitas ou a saída de despesas a alguma atividade econômica promovida pelo setor público. É claro que, para as atividades desenvolvidas por empresas estatais, essa afirmação não é válida.

e. (V) É orientada pela execução do orçamento.

Comentário: Embora tenham ocorrido importantes modificações nas nossas normas de contabilidade, o papel do orçamento público como ato legal de autorização de obtenção de receitas e de execução de despesas ainda é preponderante.

Para saber mais

Recomendamos a leitura das Normas Internacionais de Contabilidade para o Setor Público. Apesar de ser uma obra extensa, é muito interessante e útil.

CFC – Conselho Federal de Contabilidade. International Federation of Accountants. **Normas Internacionais de Contabilidade para o Setor Público**. 2010. Disponível em: <http://www.cnm.org.br/contadores/img/pdf/normas_internacionais_de_contabilidade/NornasInternacionaisdeContabilidadeparaoSetorPublico.pdf>. Acesso em: 24 fev. 2016.

Perguntas & respostas

1. **O ato de empenhar cria uma obrigação de pagamento?**

   Não, embora o texto da lei indique que sim. O ato de empenhar significa, na realidade, que se deve verificar a existência de dotação orçamentária que possibilite a legalidade da despesa a ser realizada. A obrigação de pagamento ocorre após a devida liquidação.

2. **Orientar-se pelo orçamento é insuficiente para organizar a contabilidade pública?**

   Sim. O objeto da contabilidade sempre é o patrimônio, ou seja, a contabilidade presta-se a mensurar permanentemente a quantidade de recursos (total do Ativo) e o seu comprometimento (total do Passivo), com vistas a indicar o valor líquido resultante (Patrimônio Líquido). O orçamento, como ferramenta de planejamento das ações a serem empreendidas, não atende a essa necessidade. Sem dúvida, o orçamento é útil em vários aspectos, mas não nesse ponto específico de mensurar o patrimônio e suas variações.

3. **Qual é a maior consequência de o Brasil passar a adotar novas normas de contabilidade dentro de um padrão internacional?**

Alguns aspectos da nossa contabilidade pública estavam muito defasados. Com a adoção dessas novas normas, pudemos observar, com maior rigor, elementos importantes da contabilidade, tais como depreciação, custos, um regime contábil de competência tanto para a receita quanto para a despesa, entre outros aspectos contábeis, antes não plenamente utilizados em nossa contabilidade pública. Com isso, nossos demonstrativos e balanços poderão ser mais bem utilizados e outros mais poderão ser apresentados.

4. **A Lei n. 101/2000, a Lei de Responsabilidade Fiscal (LRF), substitui a Lei n. 4.320/1964?**

Não. A LRF veio para disciplinar uma lacuna que a Lei n. 4.320/1964 deixava, ou seja, a de determinar, com maior rigor, um equilíbrio fiscal. Além disso, a LRF possibilitou novos meios de controle e planejamento de nossas finanças públicas que não existiam, tais como o Anexo de Metas Fiscais.

Consultando a legislação

A Lei n. 4.320/1964 deverá ser consultada nos art. 35, 47, 48, 49, 50, 52, 53, 58, 59, 60 e 61. Quanto à Lei Complementar n. 101/2000, deve-se consultar o art. 4º, parágrafo 1º, e o art. 2º, além de seus incisos. As NBCASPs passaram por alterações desde sua publicação inicial. A versão mais atualizada pode ser obtida no seguinte endereço eletrônico:

CFC – Conselho Federal de Contabilidade. **Normas Brasileiras de Contabilidade:** Contabilidade Aplicada ao Setor Público – NBCs T 16.1 a 16.11. Brasília, DF, 2012. Disponível em: <http://portalcfc.org.br/wordpress/wp-content/uploads/2013/11/setor_publico.pdf>. Acesso em: 24 fev. 2016.

capítulo dois

Princípios contábeis e planos de contas na contabilidade pública

Conteúdos do capítulo:

- Princípios contábeis aplicados à contabilidade pública.
- Conceito de *patrimônio público*.
- Campo de aplicação e função social da contabilidade pública.
- Subsistemas contábeis.
- Plano de contas.
- Demonstrativos e classificações contábeis.

Na Resolução CFC n. 750, de 19 de dezembro de 1993 (CFC, 1993), estão expressos os **princípios de contabilidade.** Em seu Apêndice II, em conformidade com a Resolução CFC n. 1.367, de 25 de dezembro de 2011 (CFC, 2011b), estão relacionados os princípios de contabilidade sob a perspectiva do setor público. Esses princípios contábeis possibilitam que registros dessa natureza sejam realizados de forma consistente. Cada um deles orienta o que deve ser feito em termos de contabilidade aplicada ao setor público. Neste capítulo, vamos discorrer, de forma simples, sobre o que cada um deles possibilita para que as novas Normas de Contabilidade Aplicadas ao Setor Público (NCASPs), em conformidade com as normas internacionais, sejam de fato úteis e inovadoras.

2.1 *Princípios contábeis*

Estudaremos, neste momento, os princípios contábeis e suas características relevantes à aplicação na contabilidade pública.

Princípio da entidade

O princípio da entidade separa o que é patrimônio de pessoa jurídica do patrimônio de pessoas físicas, ou seja, de indivíduos que mantenham alguma relação direta ou indireta de propriedade com a entidade. Alterações (positivas ou negativas) no patrimônio da entidade trazem consequências somente para a própria entidade. A leitura do art. 4º da Resolução CFC n. 750/1993 esclarece essa determinação:

> O Princípio da ENTIDADE reconhece o Patrimônio como objeto da Contabilidade e afirma a autonomia patrimonial, a necessidade da diferenciação de um Patrimônio particular no universo dos patrimônios

> existentes, independentemente de pertencer a uma pessoa, a um conjunto de pessoas, a uma sociedade ou a uma instituição de qualquer natureza ou finalidade, com ou sem fins lucrativos. Por consequência, nesta acepção, o patrimônio não se confunde com aqueles dos seus sócios ou proprietários, no caso de sociedade ou instituição. (CFC, 1993, grifo do original)

Como um reforço a essa definição do princípio da entidade, há ainda o parágrafo único, dessa mesma resolução, que determina:

> "O PATRIMÔNIO pertence à ENTIDADE, mas a recíproca não é verdadeira. A soma ou a agregação contábil de patrimônios autônomos não resulta em nova ENTIDADE, mas numa unidade de natureza econômico-contábil" (CFC, 1993, grifo do original).

Não havendo, portanto, reciprocidade, o que atinge ou se reflete no patrimônio da entidade não irá se aplicar na propriedade que acionistas ou credores detenham no patrimônio. Sendo assim, é a entidade, nos seus interesses e determinantes, que deve prevalecer.

Tais condições, no caso da contabilidade do setor público, resultam na intencional autonomia patrimonial quanto à "destinação social do patrimônio e a responsabilização pela obrigatoriedade da prestação de contas pelos agentes públicos" (CFC, 2007), segundo as perspectivas do setor público presentes na Resolução CFC n. 1.111, de 29 de novembro de 2007.

Como é possível concluir, a natureza do patrimônio público, que obviamente não pertence exclusivamente a ninguém, mas à coletividade, fica ainda mais fortalecida quando do princípio da entidade. Embora aparente ser uma questão de poucas implicações, na verdade o princípio da entidade será determinante para as características da contabilidade pública, explicadas no último capítulo desta obra.

Princípio da continuidade

A Resolução CFC n. 1.367/2011, em seu art. 5º, determina que "O Princípio da Continuidade pressupõe que a Entidade continuará em operação no futuro e, portanto, a mensuração e a apresentação dos componentes do patrimônio levam em conta esta circunstância" (Brasil, 2011b).

O que esse princípio nos indica? Primeiramente, que a atividade da entidade está sob uma perspectiva de futuro. A continuidade, portanto, é o pressuposto de que não há um prazo limitado para um futuro encerramento ou um final da entidade. A continuidade está relacionada à perenidade e à convicção de que em longo prazo ainda existirá uma entidade.

O princípio da continuidade possibilita, ainda, a mensuração dos valores patrimoniais, ativos e passivos, o que permite à contabilidade um registro de valores com significado. A temporalidade associada ao que compõe o patrimônio público é fundamental para a sua verdadeira mensuração. Em outras palavras, o que ativos e passivos detêm, ao longo do tempo, são valores que variam. Caso essas variações decorrentes do tempo não sejam contabilizadas, os registros em unidades monetárias dos componentes do patrimônio público não detêm significado real.

Contudo, no caso do setor público, essa continuidade, segundo as perspectivas do setor público, "está vinculada ao estrito cumprimento da destinação social do seu patrimônio, ou seja, a continuidade da entidade se dá enquanto perdurar a sua finalidade" (CFC, 2007). Sendo assim, a resolução orienta a observação do princípio da continuidade em função do significado social do patrimônio público.

Princípio de oportunidade

O *princípio de oportunidade*, como o termo já nos sugere, indica que o registro dos eventos contábeis deve ocorrer no momento oportuno, ou seja, assim que esses eventos ocorram e não em momentos posteriores, sob o risco de que tais registros percam sua validade. Isso porque, no art. 6º da Resolução CFC n. 1.367/2011, está expresso que: "O Princípio da OPORTUNIDADE refere-se ao processo de mensuração e apresentação dos componentes patrimoniais para produzir informações íntegras e tempestivas" (CFC, 2011b, grifo do original).

A finalidade desse princípio, portanto, é garantir que as eventuais alterações no patrimônio (aumentativas, diminutivas ou permutativas) sejam sempre imediatamente registradas para que a permanente mensuração do patrimônio não fique defasada. No caso do setor público, tal princípio não perde sua validade. Ao contrário: devido à maior responsabilidade dos agentes públicos, a quantificação permanente e exata do patrimônio é uma obrigação contínua. Observemos, porém, que a Resolução CFC n. 1.111/2007 define que as perspectivas do setor público devem abarcar a integridade e a fidedignidade, pois elas "dizem respeito à necessidade de as variações serem reconhecidas na sua totalidade, independentemente do cumprimento das formalidades legais para sua ocorrência, visando ao completo atendimento da essência sobre a forma" (CFC, 2007).

Dada essa perspectiva, no caso do setor público, e considerando as formalidades legais para a finalização de determinados atos que o regem, esse princípio de oportunidade deve prevalecer. Sendo assim, por exemplo, quando do incêndio de um prédio público, causas e responsabilidades são apuradas, atividade que pode exigir um prazo longo. Contudo, mesmo antes do fim desses procedimentos, o registro da perda patrimonial deverá ser feito de imediato. É em si um princípio simples a ser respeitado e a sua não observância pode causar importantes inconsistências.

Princípio do registro pelo valor original

Está expresso no art. 7º da Resolução CFC n. 1.367/2011 que "O Princípio do Registro pelo Valor Original determina que os componentes do patrimônio devem ser inicialmente registrados pelos valores originais das transações, expressos em moeda nacional" (CFC, 2011b).

Dessa forma, o preço do componente patrimonial deve ser aquele da apropriação do patrimônio. Porém, trata-se de uma apropriação inicial, não permanente. Tal valor original deve ser preservado, ou seja, sofrer alterações que permitam a correspondência com esse primeiro momento de apropriação patrimonial. O valor de entrada é o primeiro registro, mas não o único, haja vista as alterações de preços que correspondem aos componentes. Tais alterações decorrem de variações nos preços praticados no mercado, de atualizações monetárias, de valores praticados quando da venda de um ativo, de resultados futuros a serem obtidos, de compromissos a serem honrados, entre outros aspectos. A necessidade decorrente de tal princípio é a de possibilitar que os patrimônios líquidos obtidos em balanço correspondam a comparações efetivas e consistentes.

Princípio da competência

O princípio da competência é o que mais afeta a contabilidade pública e o que seguramente exige mais tempo para que seus efeitos sejam plenamente observados. Adotar o regime contábil de competência significa que os registros contábeis devem ser realizados em função do fato gerador. Sendo assim, o evento é o determinante, não a movimentação financeira ou as exigências legais correlatas. Acontece que, em conformidade com a Lei n. 4.320, de 17 de março de 1964 (Brasil, 1964), em seu art. 35, há o disciplinamento de que as receitas pertencem ao exercício em que são arrecadadas, enquanto as despesas dizem respeito ao momento em que são empenhadas. Entre o empenho e o efetivo pagamento há um prazo. Com isso, e dentro da normalidade, muitos dos valores empenhados são pagos em exercícios distintos, ao passo que as receitas arrecadadas somente poderão ser reconhecidas no mesmo momento. No caso da execução orçamentária, as receitas sempre estarão dentro do exercício fiscal, ao passo que as despesas pagas não necessariamente. Do ponto de vista da necessidade de confrontar financeiramente ou mesmo economicamente receitas com despesas, a adoção do denominado *regime misto* (conforme determinado no art. 35 da Lei n. 4.320/1964) é dificultada, pois os dois montantes encontram-se em períodos distintos.

Portanto, para evitar essa limitação, a adoção do princípio da competência deve ser integral. Segundo o art. 9º da Resolução CFC n. 1.367/11, "O Princípio da Competência determina que os efeitos das transações e outros eventos sejam reconhecidos nos períodos a que se referem, independentemente do recebimento ou pagamento" (CFC, 2011b).

O texto não explicita a questão do registro (pelo fato gerador), mas busca regulamentar quando ele deve ocorrer. Essa situação em nada altera o resultado que se pretende atingir. Na prática, esse princípio confronta-se diretamente com o art. 35 da Lei n. 4.320/1964, exigindo que os demonstrativos decorrentes dos subsistemas contábeis sejam reconfigurados. Essa reconfiguração de demonstrativos tem maior impacto no que se refere às despesas (na liquidação).

Por último, destacamos a redação do item "Perspectivas do Setor Público", que se faz acompanhar ao final de cada princípio expresso no Apêndice II da Resolução CFC n. 750/1993 (aprovado pela Resolução CFC n. 1.367/2011): "O Princípio da Competência aplica-se integralmente ao Setor Público" (CFC, 2011b). Como podemos perceber, a redação é sumária, acrescenta muito pouco, apesar das implicações que esse princípio traz.

Princípio da prudência

Por *prudência* entendemos o pensar com profundidade, a ponderação de todas as variáveis e consequências possíveis, para uma melhor decisão, pois os resultados podem nem sempre vir a ser os esperados. O que decidimos agora, em outras palavras, poderá ter implicações futuras desfavoráveis e difíceis de reverter. O que a prudência nos ensina, por conseguinte, é que nossa decisão no presente deve ser orientada para minimizar potenciais efeitos negativos futuros. Nada mais correto, portanto, do que o expresso na Resolução CFC n. 1.111/2007, em seu art. 10:

> O Princípio da PRUDÊNCIA determina a adoção do menor valor para os componentes do ATIVO e do maior para os do PASSIVO, sempre que se apresentem alternativas igualmente válidas para a quantificação das mutações patrimoniais que alteram o patrimônio líquido. (CFC, 2007, grifo do original)

O tratamento diferenciado para ativos e passivos, minimizando os primeiros e maximizando os segundos, orienta-se por um conservadorismo, já que o futuro não será necessariamente favorável. Ao contrário, o que vier a ocorrer futuramente tende a apresentar um potencial negativo quanto aos efeitos no patrimônio líquido, pois poderão ocorrer efeitos de valores tendencialmente decrescentes.

Tal linha de raciocínio, no caso dos recursos públicos, é fortemente recomendável. Os administradores públicos, e os agentes públicos em geral, devem sempre buscar a preservação sem riscos do patrimônio, visto que os atos do presente devem sempre cotejar os resultados em conformidade com os interesses da coletividade.

Na prática, conforme o expresso na Resolução CFC n. 1.367/2011, deve-se fazer entender que:

> O Princípio da Prudência pressupõe o emprego de certo grau de precaução no exercício dos julgamentos necessários às estimativas em certas condições de incerteza, no sentido de que ativos e receitas não sejam superestimadas e que passivos e despesas não sejam subestimados,

> atribuindo maior confiabilidade ao processo de mensuração e apresentação dos componentes patrimoniais. (CFC, 2011b)

As condições para propor um orçamento, contratar uma operação de crédito e avaliar valores futuros de ativos trazem sempre incertezas. Não existem, mesmo nos períodos prolongados de estabilidade econômica, situações presentes que se revelem obrigatoriamente favoráveis no futuro. Quando da mensuração de valores e de seus efeitos no patrimônio líquido, desconsiderar o fato de que há uma tendência à perda de valores para além do que se arbitra, quanto a ativos, e de aumento de valores passivos, leva a um aumento da probabilidade de erro desfavorável, ou seja, de efeitos negativos. Isso é o que a realidade nos tem mostrado ao longo dos séculos em que a contabilidade passou a ser mais utilizada. Grandes riquezas deterioram-se: todas as ruínas das grandes obras da humanidade nos mostram isso, bem como as leis físicas da termodinâmica.

Por último, para as perspectivas do setor público, expressas na Resolução CFC n. 1.367/2011, "a Prudência deve ser observada quando, existindo um ativo ou passivo já escriturado por determinados valores, segundo os Princípios do Valor Original, surgirem possibilidades de novas mensurações" (CFC, 2011b). Esse dado é fundamental e determina que, ao reavaliarmos valores entre as diversas bases para mensuração das variações (custo corrente, valor realizável, valor presente, valor justo ou atualização monetária), deveremos adotar uma base, em função da premissa de ativos a menor, passivos a maior.

2.2 *Função social e campo de aplicação*

A contabilidade aplicada ao setor público é entendida, por muitos autores, como voltada apenas à Administração Pública. Essa forma de compreender, embora válida, é pouco ilustrativa do verdadeiro papel dessa contabilidade. Isso porque verificamos que a função social, ou seja, o caráter mais público de qualquer mensuração de valores, com vistas a avaliar o patrimônio e suas modificações, é o ponto mais relevante do esforço de contabilização. Contabiliza-se com a função de demonstrar amplamente a quantas anda o acúmulo de riqueza. É lógico afirmarmos, portanto, que, em qualquer associação de indivíduos que envolva interesses relativos à riqueza acumulada, o respeito aos direitos de todos os participantes é o motivo principal para escriturar importâncias.

No caso do Estado, os valores que mobiliza pertencem à coletividade, a todos os que estão sob sua responsabilidade, mesmo que não tenham contribuído ou contribuam de alguma forma para que esses valores subsistam. É preciso lembrarmos que os sujeitos isentos de taxas, contribuições ou impostos, dadas as peculiaridades sociais, são atendidos pelos serviços públicos. O princípio que nos orienta no serviço público é que todos os cidadãos têm direitos incondicionais a serem respeitados indistintamente. Se não fosse assim, exclusões ou inclusões indevidas ocorreriam.

É nesse contexto que se insere a contabilidade aplicada ao setor público: o de responsabilidade ampla e indistinta para com o patrimônio público.

A função social da contabilidade pública é maior, pois mais plena no que se refere a direitos e de maior abrangência quanto a interessados. Naturalmente, essa é uma consideração valorativa e deve ser aceita dentro de uma lógica de percepção da sociedade como um valor em si que deve ser preservado para que processos de evolução humana possam ocorrer. Ao não adotar tal premissa, assume-se que valores econômicos pertencentes à coletividade, ou seja, valores acumulados sem que haja uma relação direta entre contribuição e direitos, possam ser utilizados em funções outras que não o atendimento à sociedade. Tal ação é a que caracteriza a corrupção, que é o mesmo que uma apropriação vantajosa (excludente de outros) de valores coletivos por determinada parcela da sociedade. Em resumo, a função social da contabilidade pública é oferecer permanentemente informações passíveis de ampla e indiscriminada compreensão de forma a viabilizar o controle social.

Quanto ao aspecto interno da Administração Pública, dando maior relevância ao cotidiano das ações realizadas, a contabilidade pública deve fornecer informações que permitam as tomadas de decisão em função desse interesse social maior. A dimensão administrativa ou gerencial, como utilizada por alguns autores, exige uma contabilidade consistente e fiel, representativa dos valores mobilizados pelo aparato do Estado, seja a União, os estados ou os municípios.

O campo de aplicação, por sua vez, em princípio é relativo aos valores acumulados sob normas de direito público. Essas normas abrangem as mais amplas questões relacionadas a relações trabalhistas, forma de aquisição de bens e serviços, conduta de seus agentes etc. De forma genérica, o que estaria sob as normas de direito público são os atos que envolvem interesses coletivos e que mobilizam recursos compatíveis com tais interesses. No entanto, a Norma Brasileira de Contabilidade Aplicada ao Setor Público de número 16.1 (NBC T 16.1, aprovada pela Resolução CFC n. 1.128, de 21 de dezembro de 2009 (CFC, 2008a), vai além, de forma inovadora. No item de número 8 da NBC T 16.1 há uma distinção apropriada quanto ao escopo (intuito) a ser observado quando da aplicação da contabilidade pública. Deve ser observado se a norma será aplicada:

> a. Integralmente: as entidades governamentais, os serviços sociais e os conselhos profissionais;
> b. Parcialmente: as demais entidades do setor público, para garantir procedimentos suficientes de prestação de contas e instrumentalização do controle social. (CFC, 2008a)

Essa distinção de aplicação é uma grande contribuição normativa. Antes não havia tão claramente essa possibilidade de aplicação da contabilidade pública a entidades sem fins lucrativos ou similares. Muitos interpretavam que as normas de contabilidade, particularmente as expressas na Lei n. 4.320/1964, realmente deveriam ser aplicadas a tais entidades. Contudo, não havia, até então, uma orientação de natureza normativa. O item (b), *aplicar parcialmente*, é a contribuição que faltava, pois, ao integrar normas internacionais, o Brasil pode romper dicotomias que impediam um tratamento contábil para entidades sem fins lucrativos, porém sob normas de direito privado. Sendo assim, definir a condição de aplicação parcial implica fazer valer o que as normas oferecem sem deixar tolher o que o direito determina, com relação à separação absoluta entre o público e o privado.

2.3 *Patrimônio público*

A década de 1990 foi marcada pela estabilidade da economia e pela desaceleração da inflação, problema que afligia o país há tempos. Essa situação propiciou estudos e discussões que levaram à criação da Lei Complementar n. 101, de 4 de maio de 2000 (Brasil, 2000b), conhecida como *Lei de Responsabilidade Fiscal* (LRF), que tem como objetivo estabelecer o equilíbrio financeiro e orçamentário, além de estipular metas fiscais que garantam esse equilíbrio no futuro. No entanto, o equilíbrio fiscal é apenas um dos aspectos a serem observados nas finanças públicas: temos que considerar também a administração orçamentária e patrimonial.

O aspecto orçamentário decorre da execução do orçamento e seus reflexos na contabilidade. A questão está no fato de que a contabilidade, na qualidade de sistema, deve se orientar pelo patrimônio.

No entanto, o que sempre ocorreu foi uma orientação em função do orçamento aprovado. A Lei n. 4.320/1964, que trata das finanças públicas, contém artigos que destacam a necessidade de registro com enfoque patrimonial; porém, foi a cultura da "contabilidade orçamentária" que sempre prevaleceu, facultando alguns aspectos que potencializassem a questão patrimonial no setor público. Vejamos, por exemplo, os arts. 85 e 89 da Lei n. 4.320/1964:

> Art. 85. Os serviços de contabilidade serão organizados de forma a permitirem o acompanhamento da execução orçamentária, o conhecimento da composição patrimonial, a determinação dos custos dos serviços industriais, o levantamento dos balanços gerais, a análise e a interpretação dos resultados econômicos e financeiros.
>
> [...]
>
> Art. 89. A contabilidade evidenciará os fatos ligados à administração orçamentária, financeira patrimonial e industrial. (Brasil, 1964)

Esses dois artigos indicam claramente que a Lei n. 4.320/1964 não foi omissa na questão do registro patrimonial, pois, ao mesclar a questão orçamentária e outros elementos, possibilitou uma equivalência entre *orçamento* e *patrimônio* como objeto da contabilidade, o que acabou por gerar distorções futuras, hoje superadas pelas novas normas de contabilidade. O regime por competência, por exemplo, foi uma dessas distorções. Ao tratar de regime competência para as despesas e de caixa para as receitas, segundo expresso no art. 35, o foco foi a execução orçamentária. Contudo, deixou-se de lado o efeito patrimonial, pois quando se reconhecem receitas apenas no seu ingresso efetivo, os direitos advindos não são registrados.

É necessário, assim, compreender os motivos para essa ênfase no patrimônio público. Vejamos de que se trata, conforme o expresso na NBC T 16.2, aprovada pela Resolução CFC n. 1.129, de 21 de novembro de 2008:

> Patrimônio Público é o conjunto de direitos e bens, tangíveis ou intangíveis, onerados ou não, adquiridos, formados, produzidos, recebidos, mantidos ou utilizados pelas entidades do setor público, que seja portador ou represente um fluxo de benefícios, presente ou futuro, inerente à prestação de serviços públicos ou à exploração econômica por entidades do setor público e suas obrigações. (CFC, 2008b)

Podemos notar, portanto, o quanto é relevante o patrimônio e sua abrangência de valores. Sendo assim, como em qualquer contabilidade, independentemente da entidade, é o patrimônio, ou seja, o acúmulo de riqueza, que é preciso mensurar em caráter permanente. A contabilidade deverá, portanto, ser orientada por esse fator.

Como reforço a essa concepção, há, ainda, na NBC T 16.1, a definição de que é o objetivo da contabilidade:

> fornecer aos usuários informações sobre os resultados alcançados e os aspectos de natureza orçamentária, econômica, financeira e física do patrimônio da entidade do setor público e suas mutações, em apoio ao processo de decisão; a adequada prestação de contas; e o necessário suporte para a instrumentalização do controle social. (CFC, 2008a)

Sendo assim, reforça-se a necessidade de orientar a contabilidade aplicada ao setor público pela mensuração permanente do patrimônio público.

2.4 *Os subsistemas contábeis*

Para dar suporte à ênfase ao objeto da contabilidade, que é o patrimônio público, houve, após a edição das novas normas de contabilidade, a necessidade de reestruturar os sistemas contábeis existentes. Originalmente, em conformidade com a Lei n. 4.320/1964, os sistemas contábeis dividiam-se em: **orçamentário, financeiro, patrimonial** e de **compensação**. A necessidade de tal divisão decorre das peculiaridades da contabilidade aplicada ao setor público quanto à não vinculação econômica entre receitas e despesas; portanto, as variações do patrimônio líquido não ocorrem por confronto entre receitas e despesas, mas em razão de outros fatores, entre eles a execução do orçamento. Sendo assim, a contabilidade organizava-se, em conformidade com a Lei n. 4.320/1964, por meio de sistemas contábeis autônomos e estanques. Esses sistemas específicos permitem registrar as movimentações financeiras e patrimoniais e a execução do orçamento. Com o advento das NBC Ts, esses sistemas passaram a ser definidos (pela NBC T 16.2) da seguinte forma:

> a. Orçamentário – registra, processa e evidencia os atos e os fatos relacionados ao planejamento e à execução orçamentária;
> b. Patrimonial – registra, processa e evidencia os fatos financeiros e não financeiros relacionados com as variações qualitativas e quantitativas do patrimônio público;
> c. Custos – registra, processa e evidencia os custos dos bens e serviços, produzidos e ofertados à sociedade pela entidade pública, consoante a NBC T 16.11;
> d. Compensação – registra, processa e evidencia os atos de gestão cujos efeitos possam produzir modificações no patrimônio da entidade do setor público, bem como aqueles com funções específicas de controle. (CFC, 2008b)

Esses novos sistemas, agora denominados *subsistemas*, trouxeram a incorporação do sistema financeiro ao subsistema patrimonial e acarretaram na criação do subsistema de custos. A intenção era superar o denominado *regime contábil misto* (regime de caixa para receitas e regime de competência para despesas), pois as movimentações financeiras passaram a ser patrimoniais, como de fato são. O subsistema de custos é uma inovação importante.

2.5 *Plano de Contas Aplicado ao Setor Público*

O Plano de Contas Aplicado ao Setor Público (PCASP) foi concebido com o objetivo de oferecer a todo o setor público um plano de contas único que possibilitasse as seguintes iniciativas: evidenciar os elementos patrimoniais, consolidar as contas públicas no âmbito nacional (todas as unidades da federação e suas entidades), publicar os demonstrativos da LRF e fortalecer a visibilidade das finanças públicas.

Alguns componentes do patrimônio público, como impostos a receber, depreciação, intangíveis, provisões para o décimo terceiro salário, ajuste para perdas, entre outros, não encontravam, até então, forma de registro e contabilização. Por causa disso, as demonstrações contábeis ficavam tolhidas. Essa condição derivava da concepção dos registros com base principalmente no orçamento. Era necessário, após a edição das NCASPs, um novo plano de contas que atendesse a esses registros anteriormente citados, entre vários outros. Para atender a essa exigência, o PCASP foi elaborado.

O parâmetro legal que orientou esse novo plano de contas foi a NBC T 16.5, aprovada pela Resolução CFCn. 1.132, de 21 de novembro de 2008 (CFC, 2008d), relativa ao registro contábil. Ao tratar das formalidades do registro contábil, ou seja, ao estabelecer critérios para tais registros, a NBCT 16.5 priorizou a identificação das alterações do patrimônio. Isso se evidencia quando das formalidades do registro contábil, determinadas na citada norma, segundo a qual as características do registro devem expressar o patrimônio. Destacamos as seguintes características:

> (a) Comparabilidade – os registros e as informações contábeis devem possibilitar a análise da situação patrimonial de entidades do setor público ao longo do tempo e estaticamente, bem como a identificação de semelhanças e diferenças dessa situação patrimonial com a de outras entidades.
>
> [...]
>
> (f) Integridade – os registros contábeis e as informações apresentadas devem reconhecer os fenômenos patrimoniais em sua totalidade, não podendo ser omitidas quaisquer partes do fato gerador.
>
> (g) Objetividade – o registro deve representar a realidade dos fenômenos patrimoniais em função de critérios técnicos contábeis preestabelecidos em normas ou com base em procedimentos adequados, sem que incidam preferências individuais que provoquem distorções na informação produzida.
>
> [...]
>
> (i) Tempestividade – os fenômenos patrimoniais devem ser registrados no momento de sua ocorrência e divulgados em tempo hábil para os usuários.
>
> [...]
>
> (m) Visibilidade – os registros e as informações contábeis devem ser disponibilizados para a sociedade e expressar, com transparência, o resultado da gestão e a situação patrimonial da entidade do setor público. (CFC, 2008d)

Esse texto não deixa espaço para dúvidas quanto ao que se pretende ao atribuir determinadas qualidades aos registros (comparabilidade, objetividade, tempestividade etc.). Apesar de existirem outras, aqui foram destacadas as formalidades que não permitem questionamentos quanto à ênfase dada à questão patrimonial. As outras formalidades também assim o determinam, porém não de forma tão explícita. A leitura atenta do conjunto deixa claro o destaque ao efeito patrimonial.

É bom realçar que essa forma de determinar os registros (presente na NBC Ts em geral) contrapõe-se abertamente ao regime contábil misto (caixa para receitas e competência para despesas), em consonância com o art. 35 da Lei n. 4.320/1964. Isso porque, como se pode depreender das formalidades que acabamos de ler, serão sempre os fenômenos patrimoniais, a situação patrimonial ou o fato gerador as características a serem respeitadas para a realização dos devidos registros contábeis. Caso elas não sejam formalmente atendidas, ou seja, caso não sejam determinadas nos procedimentos para a realização dos registros, tal contabilidade não evidenciará de forma plena as diferentes situações patrimoniais ao longo do tempo. É essa a normatização que o PCASP garante e é essa também a evolução obtida com a adoção das Normas Internacionais de Contabilidade como um padrão no Brasil.

É importante destacarmos que esse conjunto de formalidades e as demais determinações presentes na NBC T 16.5 deixam claro que a identificação entre os subsistemas e a natureza das contas no PCASP evidencia as questões patrimoniais dentro dos princípios contábeis, estando essas determinações **envolvidas ou não** com a execução orçamentária. A execução do orçamento deixa, portanto, de ter o papel que detinha, sob a égide do regime contábil misto. O fato gerador, não importa associado a qual subsistema, é o que deverá nortear os registros contábeis, e não mais a execução orçamentária.

Sendo assim, de acordo com o Manual de Contabilidade Aplicada ao Setor Público (MCASP), as características que determinam cada registro pertencem aos seguintes grupos:

> **Contas com Informações de Natureza Patrimonial:** são as contas que registram, processam e evidenciam os fatos financeiros e não financeiros relacionados com as variações qualitativas e quantitativas do patrimônio público, representadas pelas contas que integram o Ativo, Passivo, Patrimônio Líquido, Variações Patrimoniais Diminutivas (VPD) e Variações Patrimoniais Aumentativas (VPA);
>
> **Contas com Informações de Natureza Orçamentária:** são as contas que registram, processam e evidenciam os atos e os fatos relacionados ao planejamento e à execução orçamentária, representadas pelas contas que registram aprovação e execução do planejamento e orçamento, inclusive restos a pagar;
>
> **Contas com Informações de Natureza Típica de Controle:** são as contas que registram, processam e evidenciam os atos de gestão cujos efeitos possam produzir modificações no patrimônio da entidade do setor público, bem como outras que tenham função precípua de controle, seja para fins de elaboração de informações gerenciais específicas, acompanhamento de rotinas, elaboração de procedimentos de consistência contábil ou para registrar atos que não ensejaram registros nas contas patrimoniais, mas que potencialmente possam vir a afetar o patrimônio. (Brasil, 2012b, p. 15, grifo do original)

Como fica evidente, trata-se de definir a qual grupo o evento deverá ser associado. Essa forma, além de facilitar a classificação das contas, permite uma evidenciação clara do que está sendo registrado.

Abrangência e estrutura do plano de contas

De acordo com o MCASP, de autoria da Secretaria do Tesouro Nacional (STN), que é referência nacional para a aplicação das novas normas, em seu Volume IV, o PCASP deve ser utilizado por todos os poderes de cada ente da Federação, seus fundos, órgãos, autarquias, inclusive especiais, e fundações instituídas e mantidas pelo Poder Público, bem como pelas empresas estatais dependentes. Para tal finalidade, o PCASP foi estruturado em sete níveis. É obrigatória a utilização até o nível cinco (5) para efeito de consolidação. Outros níveis poderão ser desdobrados pelos entes abrangidos, caso seja necessário.

Esses níveis são expressos em conformidade com a Figura 2.1.

Figura 2.1 – Estrutura do plano de contas

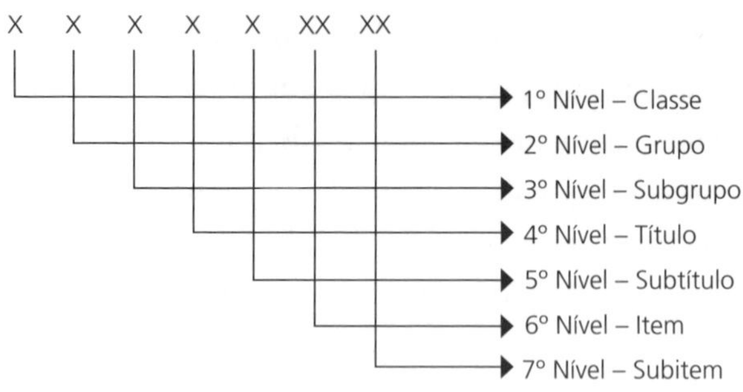

Fonte: Brasil, 2014, p. 292.

Pertencem às classes, ou seja, ao 1º nível, os seguintes elementos:

1. Ativo;
2. Passivo e Patrimônio Líquido;
3. Variações Patrimoniais Diminutivas;
4. Variações Patrimoniais Aumentativas;
5. Controles da Aprovação do Planejamento e Orçamento;
6. Controles da Execução do Planejamento e Orçamento;
7. Controles Devedores;
8. Controles Credores.

Por sua vez, essas classes subdividem-se no 2º nível, de grupo, da seguinte forma:

Quadro 2.1 – Estrutura básica do PCASP

1 – Ativo	**2 – Passivo e Patrimônio Líquido**
1.1 – Ativo Circulante	2.1 – Passivo Circulante
1.2 – Ativo Não Circulante	2.2 – Passivo Não Circulante
	2.3 – Patrimônio Líquido
3 – Variação Patrimonial Diminutiva	**4 – Variação Patrimonial Aumentativa**
3.1 – Pessoal e Encargos	4.1 – Impostos, Taxas e Contribuições de Melhoria
3.2 – Benefícios Previdenciários e Assistenciais	4.2 – Contribuições
3.3 – Uso de Bens, Serviços e Consumo de Capital Fixo	4.3 – Exploração de venda de bens, serviços e direitos
3.4 – Variações Patrimoniais Diminutivas Financeiras	4.4 – Variações Patrimoniais Aumentativas Financeiras
3.5 – Transferências Concedidas	4.5 – Transferências Recebidas
3.6 – Desvalorização e Perda de ativos	4.6 – Valorização e Ganhos com Ativos
3.7 – Tributárias	
3.9 –Outras Variações Patrimoniais Diminutivas	4.9 – Outras Variações Patrimoniais Aumentativas

(continua)

(*Quadro 2.1 – conclusão*)

5 – Controles da Aprovação do Planejamento e Orçamento	6 – Controles da Execução do Planejamento e Orçamento
5.1 – Planejamento Aprovado	6.1 – Execução do Planejamento
5.2 – Orçamento Aprovado	6.2 – Execução do Orçamento
5.3 – Inscrição e Restos a Pagar	6.3 – Execução de Restos a Pagar
7 – Controles Devedores	**8 – Controles Credores**
7.1 – Atos Potenciais	8.1 – Execução dos Atos Potenciais
7.2 – Administração Financeira	8.2 – Execução da Administração Financeira
7.3 – Dívida Ativa	8.3 – Execução da Dívida Ativa
7.4 – Riscos Fiscais	8.4 – Execução dos Riscos Fiscais
7.8 – Custos	8.5 – Execução dos Consórcios Públicos
7.9 – Outros Controles	8.8 – Apuração de Custos
	8.9 – Outros Controles

Fonte: Brasil, 2014, p. 292.

Como é possível percebermos, o PCASP, na concepção anteriormente descrita, possibilita a tão necessária consolidação das contas públicas, pois permite evidenciar de forma simples e padronizada as informações contábeis de todas as esferas de governo. Além disso, possibilita a comunicação entre os profissionais da área contábil, que passaram a trocar experiências numa linguagem única, fortalecendo assim a qualidade das informações.

Outra consequência positiva foi a criação do Sistema de Informações Contábeis e Fiscais do Setor Público (Sincofi), concebido pela STN. Esse sistema tem por objetivo o recebimento de informações contábeis, financeiras e de estatísticas fiscais oriundas de um universo que compreende 5.564 municípios, 26 estados, o Distrito Federal e a União. Nele estão, de forma detalhada, dados importantes para análises, com pouca defasagem de tempo, das contas públicas do país. O mais importante desse sistema, sem dúvida, como a própria STN realça, é o fortalecimento do controle social sobre as finanças públicas e a possibilidade de pesquisas mais aprofundadas. No entanto, para o administrador público, o ganho relevante é a obtenção de parâmetros de comparação sobre o desempenho fiscal de localidades semelhantes. Assim, municípios que detêm características similares poderão interpretar suas finanças com maior densidade. O mesmo vale para os estados, mesmo que as diferenças regionais no Brasil sejam sensíveis.

Por último, é importante realçarmos a importância da trajetória percorrida. Com base na necessidade de introduzir um padrão internacional na contabilidade pública, aderindo às normas internacionais, muitos dos problemas e limitações da nossa contabilidade puderam ser superados. Além de uma padronização de âmbito internacional, dados relevantes, antes pouco definidos, puderam ser mais bem apresentados. Essa é a contribuição fundamental de todo esse processo.

Exercícios resolvidos

1. Qual das situações a seguir obedece ao princípio da entidade?
   a. (×) O prefeito de uma cidade resolveu solicitar o ressarcimento de uma despesa que ele pagou durante suas férias e essa solicitação foi negada.
   b. ( ) Ao final do exercício fiscal (31/12), um estado brasileiro contabilizou as folhas de pagamento de todos os meses do ano, mesmo a de dezembro, que seria paga em janeiro do ano subsequente.
   c. ( ) Prevendo a possibilidade de ter que vir a honrar uma dívida trabalhista até o final do ano, uma prefeitura incluiu no orçamento as despesas que poderia vir a pagar por decorrência dessa dívida.
   d. ( ) A folha de pagamento de cada mês de um ente público contabilizou todas as provisões futuras de encargos.

e. ( ) Ao longo de diversos anos, todos os itens patrimoniais que uma prefeitura adquiriu foram contabilizados pelos valores que foram pagos por ela, ou seja, pelo valor da compra que determinou o valor inscrito no patrimônio.

Comentário: O princípio da entidade tem como base determinar que o patrimônio pertencente à entidade não se confunde com o patrimônio que pertence ao indivíduo. Essa proposição é evidente no caso do setor público e igualmente válida para o setor privado. No caso deste exercício, o prefeito, ao solicitar o pagamento com recursos públicos de despesas suas, pessoais, e que ocorreram em um momento externo ao trabalho, está utilizando o patrimônio público como se fosse seu, como se fosse pessoal. Além de imoral, todos sabemos, fere frontalmente o princípio da entidade.

2. Quando do final do exercício, um administrador de determinada prefeitura recebeu, próximo ao dia 31/12, diversas contas de luz de algumas escolas. Todas eram referentes ao mês de dezembro. O administrador, no entanto, julgou prudente contabilizar somente as despesas de luz associadas a essas contas nos balanços do ano seguinte. Ao agir assim, o administrador feriu qual princípio contábil?
   a. ( ) Oportunidade
   b. ( ) Tempestividade
   c. ( ) Anualidade
   d. ( ) Prudência
   e. (×) Competência

Comentário: Como bem sabemos, o princípio contábil da competência indica o fato gerador do evento a ser registrado. A finalidade desse princípio é a de atribuir ao efeito econômico uma data correta, ou período de competência. Ao associar contas de luz de dezembro para um período posterior, o administrador deixou de apresentar o efeito econômico dessas despesas no exercício correspondente, o que acarretou em uma informação errada quanto ao valor do patrimônio no balanço e nos demais demonstrativos.

3. Ao aprovar as NCASPs, procurou-se superar:
   a. ( ) a falta de demonstrações contábeis importantes.
   b. ( ) a pouca capacitação dos profissionais contábeis.
   c. (×) a grande influência do orçamento nos registros contábeis.
   d. ( ) o atraso na consolidação dos balanços e demonstrativos.
   e. ( ) o não atendimento à LRF.

   Comentário: Como vimos ao longo do capítulo, as novas normas contábeis visam, principalmente, oferecer à contabilidade aplicada ao setor público o patrimônio como referencial primeiro. Anteriormente era o orçamento público o meio pelo qual os lançamentos em sua quase totalidade ocorriam. Dessa forma, sistemas de custos, por exemplo, inexistiam. Por isso, a alternativa bem indica o que se pretendeu superar com as recentes inovações contábeis, muitas delas ainda em curso.

4. Os atos da administração que podem ou não resultar em modificações no patrimônio da entidade do setor público pertencem a qual subsistema contábil?
   a. ( ) Subsistema Orçamentário
   b. ( ) Subsistema de Custos
   c. (×) Subsistema de Compensação
   d. ( ) Subsistema Financeiro
   e. ( ) Subsistema Patrimonial

Comentário: Como o próprio termo indica, tal sistema detém o potencial de modificação do patrimônio, pois compensado por outro valor, ou seja, neutralizado. Devido a isso, a alternativa corresponde completamente ao enunciado.

5. Assinale V (verdadeiro) ou F (falso). Quanto ao campo de aplicação e à abrangência, a contabilidade aplicada ao setor público deve alcançar:
   a. (F) integralmente as empresas estatais dependentes.

Comentário: Não se aplica a contabilidade pública para empresas estatais dependentes porque essas instituições estão sob normas de direito privado.

b. (F) exclusivamente a administração direta.

Comentário: A questão é falsa ao se restringir à administração direta. Há entidades e eventuais órgãos que estão sob normas de direito público, portanto, a contabilidade pública não se restringe exclusivamente à administração direta.

c. (V) integralmente os serviços sociais e os conselhos profissionais.

Comentário: Essa é a inovação que as normas pretendem abranger, portanto é verdadeira a afirmação.

d. (V) parcialmente certas entidades do setor público.

Comentário: Sim, somente a parcela da contabilização deverá atender à contabilidade pública, principalmente no que tange à prestação de contas com fim de consolidação dos balanços e demonstrativos públicos.

e. (F) parcialmente os consórcios públicos

Comentário: Parcialmente não, mas integralmente no caso de consórcios públicos, pois estes são pessoas jurídicas de direito público.

Para saber mais

A literatura de contabilidade sempre apresenta em seus livros os princípios contábeis geralmente aceitos. A intenção é oferecer um fundamento conceitual à contabilidade. O mesmo ocorreu com a contabilidade pública, após a adoção de normas internacionais. Ainda é muito recente a repercussão dessas normas, em particular quanto aos princípios contábeis, no setor público. Um órgão de governo que tem sido muito profícuo em oferecer reflexões e orientações consistentes é a Secretaria do Tesouro Nacional (STN). Lá é possível encontrar um Manual de Contabilidade Aplicada ao Setor Público bem interessante. Recomenda-se também a inscrição na STN para a obtenção de informativos atualizados e a permanente oferta de discussões pertinentes à contabilidade pública.

BRASIL. Tesouro Nacional. Disponível em: <http://www.tesouro.fazenda.gov.br>. Acesso em: 24 fev. 2016.

Também há vários artigos na rede mundial de computadores (internet) que tratam do controle social da administração pública. A leitura de textos com esse tema é bem esclarecedora. Você deverá selecionar alguns para compreender melhor o significado desse controle e os seus objetivos. Há uma publicação bem interessante, embora não diretamente vinculada à contabilidade pública, sob o título *Repensando o público através da sociedade*, de autoria de Nuria Cunill Grau, da Editora Enap Revan, de 1998, que trata da questão do papel da sociedade como meio de determinar as ações do Estado. As publicações do STN, que podem ser pesquisadas no endereço a seguir, são também uma fonte importante que sempre está sendo atualizada.

GRAU, N. C. **Repensando o público através da sociedade.** Rio de Janeiro: Revan; Brasília: Enap, 1998.

BRASIL. Ministério da Fazenda. Tesouro Nacional. **Manuais.** Disponível em: <http://www.tesouro.fazenda.gov.br/pt_PT/manuais-contabilidade>. Acesso em: 24 fev. 2016.

Perguntas & respostas

1. **Qual é a utilidade real dos princípios contábeis?**

Ao definir princípios, o que se pretende é determinar orientações seguras sobre o que deverá ser contabilizado. É com base nos princípios que os registros contábeis serão feitos e que as informações específicas serão levantadas. Dessa forma, o agente público poderá, diante de situações não precisamente determinadas em lei, decidir a melhor forma de registro que proteja o patrimônio e fornecer com clareza o que a sociedade em geral precisa saber.

2. **A determinação do fim do regime contábil misto utilizado pela contabilidade pública brasileira, com base no art. 35 da Lei n. 4.320/1964, representa uma evolução?**

Essa questão é crucial, pois recoloca a contabilidade pública do Brasil no seu real objeto, que é o patrimônio público. Antes da edição das novas NCASPs, a ênfase dada ao orçamento acabava por privilegiar certas informações em detrimento de outras. Dessa forma, depreciações, custos e outras informações passavam a ser minimizadas, apesar da sua grande relevância na Administração Pública.

3. **O que havia antes para disciplinar os princípios contábeis determinados na legislação atual?**

Na realidade, essa era uma lacuna. A nossa contabilidade pública pouco versava sobre esse tema, pois a ênfase dada ao orçamento público acabava por não fazer dos princípios uma real necessidade de adoção.

4. **Os sistemas contábeis passaram a ser denominados *subsistemas*. Essa modificação trouxe quais implicações?**

Ao incorporar o sistema financeiro ao patrimonial, na forma de subsistema patrimonial, as modificações aumentativas e diminutivas decorrentes de movimentações financeiras passaram a ser associadas ao patrimônio de maneira inequívoca, o que não acontecia anteriormente. Sendo assim, não ocorreu somente uma modificação de nomenclatura, de sistema para subsistema. Além disso, com a criação do subsistema de custos, que antes não existia, apesar de sua necessidade evidente, a mensuração dos efeitos patrimoniais decorrentes de depreciação, amortização e exaustão puderam ser evidenciadas. O que se nota é a intenção de tornar o patrimônio o objeto maior da contabilidade pública.

5. **Por que o fato gerador deve determinar o registro contábil?**

Essa é uma questão sempre presente quando discutimos a finalidade de qualquer contabilidade, seja a do setor público ou a de empresas. Por isso a sua relevância. A contabilidade visa ao registro de valores econômicos, os quais nem sempre exigem movimentações financeiras, direta ou indiretamente. Caso a contabilidade não conferisse ênfase ao fato gerador, informações muito relevantes, que se fariam perceber no patrimônio a qualquer tempo, poderiam deixar de ser mensuradas, escondendo assim dados importantes. É por isso que mensurações nem sempre facilmente observáveis, como a depreciação, por exemplo, precisam ser feitas, para seu registro seguro, em determinados momentos precisamente definidos. Essa condição somente é satisfeita se o fato gerador (trata-se do que o próprio termo determina, ou seja, o que de fato ocorreu) for respeitado. Com as novas normas, isso passou a ser mais exequível.

Consultando a legislação

Para conhecermos o que os princípios contábeis abrangem, a Resolução CFC n. 1.367, de 25 de novembro de 2011, é fundamental. Essa resolução altera o Apêndice II da Resolução CFC n. 1.111, de 29 de novembro de 2007.

CFC – Conselho Federal de Contabilidade. Resolução CFC n. 1.367, de 25 de novembro de 2011. **Diário Oficial da União**, Poder Legislativo, Brasília, DF, 29 nov. 2011. Disponível em: <http://www.normaslegais.com.br/legislacao/resolucao-cfc-1367-2011.htm>. Acesso em: 24 fev. 2016.

A NBC T 16.5 apresenta as formalidades citadas neste capítulo. A leitura dessa norma é bastante esclarecedora para uma plena compreensão do tema.

capítulo três

Lançamentos típicos, elaboração e análise das demonstrações contábeis

Conteúdos do capítulo:

- Lançamentos típicos.
- Elaboração de demonstrativos.
- Análise de demonstrativos.
- Balanço Orçamentário, Financeiro e Patrimonial.
- Demonstração das Variações Patrimoniais.
- Fluxo de Caixa.

Este capítulo visa propiciar a você a compreensão de como são realizados os registros contábeis, ou seja, como são feitos os lançamentos contábeis. Para tal finalidade, apresentaremos os lançamentos mais usuais em qualquer âmbito da Administração Pública. Além disso, trabalharemos com os demonstrativos e balanços de maior importância e os que estão sendo introduzidos por meio das novas normas de contabilidade. A compreensão desse tema permite perceber como a contabilidade contribui de fato para gerar informações importantes para o uso adequado de recursos públicos.

3.1 *Lançamentos típicos*

O Plano de Contas Aplicado ao Setor Público (PCASP), da forma como apresentamos no capítulo anterior, traz em sua estrutura as classes contábeis com o intuito de possibilitar a criação de lançamentos padronizados. Tais lançamentos são denominados individualmente como *eventos*. O Manual de Contabilidade Aplicada ao Setor Público (MCASP), por sua vez, os agrupa na forma de conjuntos de eventos. Esses conjuntos são agrupados em conformidade com sua natureza. A forma sintética de realizar os agrupamentos é apresentada no Quadro 3.1.

Quadro 3.1 – Possíveis combinações entre lançamentos contábeis

		1	2	3	4
		ATIVO	*PASSIVO*	*VPD*	*VPA*
1	ATIVO	11 Permutação entre elementos do Ativo.	12 Permutação entre Ativo e Passivo com aumento de ambos.	13 Cancelamento de VPD correspondente ao aumento de ativo.	14 Criação ou aumento de Ativo por VPA.

(continua)

		1	2	3	4
		ATIVO	*PASSIVO*	*VPD*	*VPA*
2	PASSIVO	21 Permutação entre Passivo e Ativo com redução de ambos.	22 Permutativo entre elementos do Passivo.	23 Cancelamento de VPD correspondente à baixa de Passivo.	24 Baixa de Passivo por VPA.
3	VPD	31 VPD em contas de Ativo – registro em conta retificadora de ativo ou pagamento à vista.	32 VPD correspondente à assunção de obrigação.	33 Reclassificação de VPD.	34 –
4	VPA	41 Cancelamento de VPA concomitante à redução do Ativo.	42 Cancelamento de VPA concomitante a aumento do passivo.	43 –	44 Reclassificação de VPA.
		CAPO		*CEPO*	
5	CAPO	55 Controles Orçamentários Específicos.		56 Aprovação ou Fixação do Planejamento ou Orçamento.	
6	CEPO	65 Cancelamento da Aprovação ou Fixação do Planejamento ou Orçamento.		66 Execução Orçamentária.	

(*Quadro 3.1 – conclusão*)

		CONTROLES DEVEDORES (CD)	*CONTROLES CREDORES (CC)*
7	CD	77 –	78 Registro de controles ou encerramento dos mesmos.
8	CC	87 Cancelamento dos controles ou encerramento do exercício.	88 Execução dos controles devedores.

Fonte: Brasil, 2012b, p. 135-136.

Eis o significado das siglas apresentadas:

- VPA – Variações Patrimoniais Aumentativas.
- VPD – Variações Patrimoniais Diminutivas.
- Capo – Controle da Aprovação do Planejamento e Orçamento.
- Cepo – Controle da Execução do Planejamento e Orçamento.
- CD – Controle Devedores.
- CC – Controle Credores.

Compreender o que se pretende agrupar, ou seja, quais contas (registros contábeis por meio de partidas dobradas) devem ser associadas de acordo com a mesma natureza de contas, é mais fácil a partir das siglas que determinam esse agrupamento. Elas estão definidas no MCASP como *Lançamentos Contábeis Padronizados* (LCP). O agrupamento é compreensível segundo o que está definido no Quadro 3.1. Tal possibilidade de agrupamento lógico inexistia, já que antigamente os lançamentos eram realizados em função de práticas consagradas, em vez de serem feitos sob direcionamentos teóricos.

Com base nesses agrupamentos, são realizados os registros contábeis. A seguir, veremos alguns dos lançamentos mais comuns no setor público de forma detalhada, de modo a exemplificar como eles ocorrem e como são associados aos subsistemas contábeis. Os lançamentos aqui apresentados ocorrem até o nível cinco (5), e em alguns casos até o nível quatro (4) para facilitar o entendimento. É bom lembrarmos que o nível necessário para a consolidação das contas é o de número cinco (5). À direita de cada um dos lançamentos apresentados estará a indicação de qual é a natureza das informações de acordo com as classes contábeis.

a. Previsão da receita orçamentária
A previsão da receita orçamentária consiste no valor estimado a ser arrecadado pela entidade, o qual será fonte de financiamento das despesas públicas. Esse valor pertence ao orçamento aprovado.

Quadro 3.2 – Previsão

	Código contábil	*Descrição da Conta*	*Natureza*
D	5.2.1.1.1	Previsão inicial da receita	ORÇAMENTÁRIA
C	6.2.1.1.1	Receita a realizar	

Fonte: Brasil, 2012b, p. 79.

b. Fixação da despesa orçamentária
A fixação da despesa orçamentária consiste na definição do teto de autorizações, ou seja, do limite das despesas autorizadas no orçamento, de modo a atender à execução das ações do governo.

Quadro 3.3 – Fixação

	Código contábil	*Descrição da Conta*	
D	5.2.2.1.1	Dotação Inicial	ORÇAMENTÁRIA
C	6.2.2.1.1	Crédito Disponível	

Fonte: Brasil, 2012b, p. 79.

c. Lançamento de tributos

Reconhecimento de crédito tributário, no caso, o IPVA. Decorre do lançamento do crédito, em conformidade com o art. 53 da Lei n. 4.320, de 17 de março de 1964 (Brasil, 1964).

Quadro 3.4 – Lançamento

	Código contábil	*Descrição da Conta*	
D	1.1.2.1.1	Crédito tributário a receber	PATRIMONIAL
C	4.1.1.2.1	IPVA	

Fonte: Brasil, 2012b, p. 79.

d. Arrecadação de tributos (IPTU)

Quadro 3.5 – Arrecadação

	Código contábil	*Descrição da Conta*	
D	1.1.1.1.1	Caixa e equivalentes de caixa	PATRIMONIAL
C	1.1.2.2.1	Crédito tributário a receber	

Fonte: Brasil, 2012b, p. 80.

Quadro 3.6 – Receitas

	Código contábil	*Descrição da Conta*	
D	6.2.1.1	Receita a realizar	ORÇAMENTÁRIA
C	6.2.1.2	Receita realizada	

Fonte: Brasil, 2012b, p. 80.

Quadro 3.7 – Controle

	Código contábil	*Descrição da Conta*	
D	7.2.1.1	Controle das disponibilidades de recursos	CONTROLE
C	8.2.1.1.1	Disp. por Destinação de Recursos	

Fonte: Brasil, 2012b, p. 93.

e. Realização da despesa orçamentária

A realização da despesa envolve vários estágios, como o empenho, a liquidação (reconhecimento) e o pagamento, além do registro de controle das disponibilidades de recurso e da execução dos contratos.

f. Empenho da despesa de serviços de terceiros – pessoa jurídica

Quadro 3.8 – Empenho

	Código contábil	***Descrição da Conta***	
D	6.2.2.1.1	Crédito disponível	ORÇAMENTÁRIA
C	6.2.2.1.3.01	Crédito empenhado a liquidar	
D	8.2.1.1.1	Disponibilidade por Destinação de Recursos	CONTROLE
C	8.2.1.1.2	Disponibilidade por Destinação de Recursos comprometida por empenho	

Fonte: Brasil, 2012b, p. 81.

g. Registro do contrato de serviço

Quadro 3.9 – Registro do contrato

	Código contábil	***Descrição da Conta***	
D	7.1.2.3	Obrigações contratuais	CONTROLE
C	8.1.2.3	Execução de obrigações contratuais – contratos de serviços a executar	

Fonte: Brasil, 2012b, p. 83.

h. Liquidação (Reconhecimento da Variação Patrimonial Diminutiva)

Quadro 3.10 – Liquidação

	Código contábil	*Descrição da Conta*	
D	3.3.2.3.1	Serviços de terceiros – PJ	PATRIMONIAL
C	2.1.3.1.1	Fornecedores a curto prazo (F)	
D	6.2.2.1.3.01	Crédito empenhado a liquidar	ORÇAMENTÁRIA
C	6.2.2.1.3.03	Crédito empenhado liquidado a pagar	
D	8.1.2.3	Execução de obrigações contratuais – contratos de serviços a executar	CONTROLE
C	8.1.2.3	Execução de obrigações contratuais – contratos de serviços executados	
D	8.2.1.1.2	Disponibilidade por Destinação de Recursos comprometida por empenho	CONTROLE
C	8.2.1.1.3	Disponibilidade por Destinação de Recursos comprometida por liquidação e entradas compensatórias	

Fonte: Brasil, 2012b, p. 83-84.

i. Pagamento da despesa com serviços

Quadro 3.11 – Pagamento da despesa

	Código contábil	*Descrição da Conta*	
D	2.1.3.1.1	Fornecedores a curto prazo (F)	PATRIMONIAL
C	1.1.1.1.1	Caixa e equivalentes de caixa em moeda nacional (F)	
D	6.2.2.1.3.03	Crédito empenhado liquidado a pagar	ORÇAMENTÁRIA
C	6.2.2.1.3.04	Crédito empenhado pago	

(continua)

(*Quadro 3.11 – conclusão*)

	Código contábil	*Descrição da Conta*	
D	8.2.1.1.3	Disponibilidade por Destinação de Recursos comprometida por liquidação e entradas compensatórias	CONTROLE
C	8.2.1.1.4	Disponibilidade por Destinação de Recursos Utilizada	

Fonte: Brasil, 2012b, p. 84.

j. Contratação de operação de crédito (curto prazo)
De acordo com a Lei n. 101, de 4 de maio de 2000 (Brasil, 2000b), denominada *Lei de Responsabilidade Fiscal* (LRF), as operações de crédito são compromissos financeiros assumidos em função de abertura de crédito, emissão e aceite de título, aquisição financiada de bens, recebimento antecipado de valores provenientes da venda a termo de bens e serviços, arrendamento mercantil, entre outras operações assemelhadas, inclusive com o uso de derivativos financeiros e operação de crédito por antecipação de receita orçamentária (ARO).

Quadro 3.12 – Contratação de operação

	Código contábil	*Descrição da Conta*	
D	1.1.1.1.1	Caixa e equivalentes de caixa em moeda nacional (F)	PATRIMONIAL
C	2.1.2.2.1	Empréstimos a curto prazo (P)	
D	6.2.1.1	Receita a realizar	ORÇAMENTÁRIA
C	6.2.1.2	Receita realizada	
D	7.2.1.1	Controle da disponibilidade de recursos	CONTROLE
C	8.2.1.1.1	Disponibilidade por Destinação de Recursos	

Fonte: Brasil, 2012b, p. 82.

k. Recebimento do depósito de caução

As cauções são ingressos de recursos temporários que ficam em poder do Estado em função de alguma garantia. Sua restituição não depende de autorização legislativa, pois trata-se de movimentação (ingressos e dispêndios) extraorçamentária.

Quadro 3.13 – Recebimento do depósito

	Código contábil	*Descrição da Conta*	
D	1.1.3.5.1	Depósitos restituíveis e valores vinculados (F)	PATRIMONIAL
C	2.1.8.8.1	Valores restituíveis (F)	
D	7.2.1.1	Controle da disponibilidade de recursos	CONTROLE
C	8.2.1.1.1	Disponibilidade por Destinação de Recursos	
D	8.2.1.1.1	Disponibilidade por Destinação de Recursos	CONTROLE
C	8.2.1.1.3	Disponibilidade por Destinação de Recursos comprometida por liquidação e entradas compensatórias	

Fonte: Brasil, 2012b, p. 87.

l. Inscrição da dívida ativa

A dívida ativa são direitos a receber de créditos tributários e não tributários que não foram arrecadados em períodos anteriores, portanto são créditos a receber que devem ser reconhecidos no ativo da entidade.

Quadro 3.14 – Inscrição da dívida

	Código contábil	*Descrição da Conta*	
D	1.2.1.1.1	Créditos a longo prazo – Dívida Ativa (P)	PATRIMONIAL
C	1.1.2.2.1	Créditos tributários a receber (P)	
D	8.3.2.1	Créditos a inscrever em dívida ativa	CONTROLE
C	8.3.2.3	Créditos inscritos em dívida ativa a receber	

Fonte: Brasil, 2012b, p. 88.

m. Abertura de crédito adicional suplementar por anulação de dotação
Os créditos adicionais são dotações não previstas inicialmente no orçamento ou dotações insuficientemente dotadas e que precisam de reforço quando da execução do orçamento. Necessitam de prévia autorização legislativa e da indicação da fonte de recursos. No entanto, no caso de créditos adicionais extraordinários, a sistemática é diferenciada.

Quadro 3.15 – Abertura de crédito

	Código contábil	*Descrição da Conta*	
D	6.2.2.1.1	Crédito disponível	ORÇAMENTÁRIA
C	5.2.2.1.9	Cancelamento/ Remanejamento de dotação	
D	5.2.2.1.2.01	Dotação Adicional por Tipo de Crédito – Suplementar	ORÇAMENTÁRIA
C	6.2.2.1.1	Crédito disponível	
D	5.2.2.1.3	Dotação Adicional por Fonte – Anulação de dotação	ORÇAMENTÁRIA
C	5.2.2.1.3	Valor Global da Dotação Adicional por Fonte	

Fonte: Brasil, 2012b, p. 93.

n. Inscrição de restos a pagar
Os restos a pagar são despesas legalmente empenhadas e não pagas até o término do exercício em 31 de dezembro. Distinguem-se entre **processados** (que já passaram pela fase de liquidação da despesa) e **não processados** (que ainda não foram liquidados).

Quadro 3.16 – Inscrição de restos a pagar processados

	Código contábil	**Descrição da Conta**	
D	5.3.2.7	RP Processados – inscrição no exercício	ORÇAMENTÁRIA
C	6.3.2.7	RP Processados – inscrição no exercício	

Fonte: Brasil, 2012b, p. 95.

Quadro 3.17 – Inscrição de restos a pagar não processados

	Código contábil	**Descrição da Conta**	
D	5.3.1.7	RP não processados – inscrição no exercício	ORÇAMENTÁRIA
C	6.3.1.7	RP não processados – inscrição no exercício	

Fonte: Brasil, 2012b, p. 96.

3.2 *Análise e elaboração das demonstrações contábeis*

A contabilidade aplicada ao setor público tem por objetivo fornecer informações para a tomada de decisão e possibilitar o controle social. Essas informações são relativas aos resultados da execução orçamentária e das movimentações financeiras, econômicas e patrimoniais. Essas informações são legalmente apresentadas pelas demonstrações contábeis aplicadas ao setor público, as quais são definidas, originalmente, pela Lei n. 4.320/1964 e posteriormente atualizadas pela Portaria da Secretaria do Tesouro Nacional n. 438, de 12 de julho de 2012 (Brasil, 2012d). As atualizações foram relativas aos seguintes demonstrativos: Balanço Orçamentário, Anexo 12; Balanço Financeiro, Anexo 13; Balanço Patrimonial, Anexo 14; Demonstração das Variações Patrimoniais, Anexo 15. Foram criados ainda dois novos anexos: a Demonstração de Fluxo de Caixa e a Demonstração das Mutações do Patrimônio Líquido. Essa última é obrigatória somente para empresas estatais dependentes. Compõem ainda o rol das demonstrações contábeis as exigidas pela LRF: o Relatório Resumido da Execução Orçamentária e o Relatório de Gestão Fiscal, entre outros.

Outro ponto importante trazido pelas NCASPs são as **notas explicativas**, parte integrante das demonstrações contábeis, em conformidade com a NBC T 16.6, aprovada pela Resolução CFC n. 1.133, de 21 de novembro de 2008 (CFC, 2008e). As informações contidas nas notas explicativas devem atender exatamente ao que se propõe, ou seja, fornecer informações mais detalhadas sobre os dados apresentados em balanços e demonstrativos de forma a facilitar a compreensão dos dados. Isso porque, caso alguns dados ou até mesmo rubricas não estejam suficientemente definidos quanto ao que de fato representam, é necessária uma nota explicativa de seu conteúdo. A intenção foi, novamente, promover um maior controle social, de modo a facilitar a compreensão, para qualquer um que tenha acesso aos demonstrativos (balanços em geral) do que os dados representam. Essa prática das notas explicativas é fundamental, pois nem todos os balanços obedecem a padrões de registro. Também acontece de eles apresentarem peculiaridades que precisam ser explicitadas. Em resumo, as demonstrações contábeis aplicadas ao setor público configuram-se como os principais instrumentos de controle, transparência, consolidação de contas e tomada de decisão nas ações do governo.

Balanço Orçamentário

Mesmo que o destaque das novas regras da contabilidade pública seja para a perfeita evidenciação dos procedimentos contábeis patrimoniais, o orçamento e sua execução continuam sendo um importante instrumento para a ação dos governos de modo a gerar informações no setor público. A demonstração contábil que, expressa essas movimentações é o Balanço Orçamentário (BO), que, conforme expresso no art. 102 da Lei n. 4.320/1964, "demonstrará as receitas e despesas previstas em confronto com as realizadas" (Brasil, 1964).

Trata-se aqui de efetuar a comparação das receitas e despesas orçamentárias, tanto do ponto de vista do planejamento quanto da execução e dos resultados da execução orçamentária. De um lado, as receitas que evidenciam a expectativa e a capacidade de arrecadação da entidade e, do outro, as despesas, que alocam as dotações orçamentárias que dão suporte à realização de gastos nas diversas áreas do governo. Essas dotações são os valores consignados no orçamento para atender a despesas específicas, identificadas, por sua vez, na forma de rubricas ou créditos orçamentários.

Ao analisarmos a estrutura do BO, identificamos duas divisões. À esquerda, há uma primeira coluna com as Receitas previstas e, à direita, há uma outra coluna com as Despesas fixadas. Muitas vezes, os balanços apresentam outras nomenclaturas, tais como *Receita Atualizada*. Não importa quais sejam essas formas de designar as Receitas da primeira coluna; o que importa é que se trata das Receitas previstas em orçamento aprovado. O mesmo vale para as Despesas, que podem surgir como *Autorizadas*, entre outros termos. As despesas que estiverem na primeira coluna do lado direito dos Balanços orçamentários serão fixadas, portanto são aprovadas em orçamento.

As Receitas se dividem em **Previstas** (ou seja, a estimativa da receita da primeira coluna que corresponde ao apresentado no orçamento) e **Realizadas**, que são as efetivamente recolhidas. As Despesas, por sua vez, são apresentadas em duas colunas, das **Fixadas** e a das **Autorizadas**. Todos esses valores ficam associados lado a lado, o que possibilita uma terceira coluna para Receitas e Despesas, na qual as diferenças serão apontadas. Ali, na terceira coluna, estam os valores relativos às Receitas que foram arrecadadas em excesso (acima do esperado) ou abaixo do previsto e as despesas que não foram empenhadas – portanto as economias orçamentárias (valores dotados no orçamento e não empenhados).

Quanto à previsão inicial das receitas, é importante destacarmos que até a publicação LRF, ela era considerada uma das causas que contribuíam para a geração de déficits. Isso porque muitas das projeções de arrecadação eram superestimadas, o que levava à autorização de despesas além dos limites de arrecadação. Para evitar tal situação, que culminava em déficits orçamentários, a LRF determinou o uso de metodologia de cálculo para a previsão de receita no orçamento, conforme previsto no art. 12 da LRF:

> As previsões de receita observarão as normas técnicas e legais, considerarão os efeitos das alterações na legislação, da variação do índice de preços, do crescimento econômico ou de qualquer outro fator relevante e serão acompanhadas de demonstrativo de sua evolução nos últimos três anos, da projeção para os dois seguintes àquele a que se referirem, e da metodologia de cálculo e premissas utilizadas. (Brasil, 2000a)

O que a LRF passou a exigir foi uma explicitação da metodologia de cálculo, para que os controles mais variados pudessem ser exercidos com vistas a comprovar a consistência das previsões. Com isso, foi possível realizar comparações entre previsão e realização.

Alguns demonstrativos já incorporaram, por consequência dessas novas determinações (e com vistas a dar maior representatividade aos orçamentos), a coluna *Previsão Atualizada*. Nessa coluna está a reestimativa da Receita, que deve ser efetuada durante a execução do orçamento. Tal reestimativa decorre principalmente da abertura de Créditos Adicionais por Excesso de Arrecadação, Operações de Crédito contratadas durante o exercício ou assinaturas de Convênios, entre outros possíveis motivos. Anteriormente, tal redimensionamento não ocorria, o que indicava, indevidamente, propostas orçamentárias deficitárias. Isso porque, enquanto as Receitas permaneciam as mesmas na coluna da Previsão de Receitas, apresentada no BO, as Despesas Fixadas eram alteradas por meio de Créditos Adicionais. Assim, eram apresentadas nos balanços com valores superiores ao inicial. O déficit entre Fixadas e Previstas era a consequência natural, porém de valor apenas contábil, não real.

Ainda na parte das receitas, há a coluna *Receitas Realizadas*, que apresenta o montante efetivamente arrecadado no exercício, segundo demonstração por categorias econômicas, o que possibilita a análise da participação relativa (percentual) de cada Receita quanto à sua contribuição no total arrecado. Por fim, a última coluna, denominada *Saldo*, que evidencia a diferença entre a Receita Realizada e a Previsão Atualizada da Receita. Com base nesse saldo, é possível verificar o quanto a arrecadação prevista superou ou ficou abaixo dessa previsão.

Segue no Quadro 3.18 o modelo apresentado no MCASP, no qual todas essas observações podem ser verificadas.

Quadro 3.18 – Balanço Orçamentário

<Ente da Federação>				
Balanço Orçamentário				
Exercício: *Página:*	*Mês*		*Emissão:*	
Receitas orçamentárias	*Previsão inicial*	*Previsão atualizada (a)*	*Receitas realizadas (b)*	*Saldo (a-b)*
RECEITAS CORRENTES				
RECEITA TRIBUTÁRIA				
Impostos				
Taxas				
Contribuição de Melhoria				
RECEITA DE CONTRIBUIÇÕES				
Contribuições Sociais				
Contribuições Econômicas				
RECEITA PATRIMONIAL				
Receitas Imobiliárias				
Receitas de Valores Mobiliários				
Receita de Concessões e Permissões				
Outras Receitas Patrimoniais				
RECEITA AGROPECUÁRIA				
Receita da Produção Vegetal				
Receita da Produção Animal e Derivados				
Outras Receitas Agropecuárias				

(continua)

(*Quadro 3.18 – continuação*)

<Ente da Federação>				
Balanço Orçamentário				
Exercício: *Página:*	*Mês*		*Emissão:*	
Receitas orçamentárias	*Previsão inicial*	*Previsão atualizada (a)*	*Receitas realizadas (b)*	*Saldo (a-b)*
RECEITA INDUSTRIAL				
Receita da Indústria de Transformação				
Receita da Indústria de Construção				
Outras Receitas Industriais				
RECEITA DE SERVIÇOS				
TRANSFERÊNCIAS CORRENTES				
Transferências Intergovernamentais				
Transferências de Instituições Privadas				
Transferências do Exterior				
Transferências de Pessoas				
Transferências de Convênios				
Transferências para o Combate à Fome				
OUTRAS RECEITAS CORRENTES				
Multas e Juros de Mora				
Indenizações e Restituições				
Receita da Dívida Ativa				
Receitas Correntes Diversas				
RECEITAS DE CAPITAL				
OPERAÇÕES DE CRÉDITO				
Operações de Crédito Internas				

<Ente da Federação>				
Balanço Orçamentário				
Exercício: *Página:*	*Mês*		*Emissão:*	
Receitas orçamentárias	*Previsão inicial*	*Previsão atualizada (a)*	*Receitas realizadas (b)*	*Saldo (a-b)*
Operações de Crédito Externas				
ALIENAÇÃO DE BENS				
Alienação de Bens Móveis				
Alienação de Bens Imóveis				
AMORTIZAÇÕES DE EMPRÉSTIMOS				
TRANSFERÊNCIAS DE CAPITAL				
Transferências Intergovernamentais				
Transferências de Instituições Privadas				
Transferências do Exterior				
Transferências de Pessoas				
Transferências de Outras Instit. Públicas				
Transferências de Convênios				
Transferências para o Combate à Fome				
OUTRAS RECEITAS DE CAPITAL				
Integralização do Capital Social				
Dív. Ativa Prov. da Amortiz. Emp. e Financ.				
Restituições				
Receitas de Capital Diversas				
SUBTOTAL DAS RECEITAS (I)				

(Quadro 3.18 – conclusão)

<Ente da Federação>				
Balanço Orçamentário				
Exercício: *Página:*	*Mês*		*Emissão:*	
Receitas orçamentárias	*Previsão inicial*	*Previsão atualizada (a)*	*Receitas realizadas (b)*	*Saldo (a-b)*
REFINANCIAMENTO (II)				
Operações de Crédito Internas				
Mobiliária				
Contratual				
Operações de Crédito Externas				
Mobiliária				
Contratual				
SUBTOTAL COM REFINANCIAMENTO (III) = (I + II)				
DÉFICIT (IV)				–
TOTAL (V) = (III + IV)				–
SALDOS DE EXERCÍCIOS ANTERIORES (UTILIZADOS PARA CRÉDITOS ADICIONAIS)	–			–
Superávit Financeiro				
Reabertura de créditos adicionais				

Fonte: Brasil, 2012c, p. 9-11.

Na outra parte do BO estão as Despesas apresentadas por natureza e grupos de despesas, divididas nas colunas *Dotação Inicial*, onde estão os valores das Despesas Fixadas inicialmente no orçamento, e *Dotação Atualizada*, que indica os valores das dotações iniciais alterados (aumentados ou diminuídos) por meio de Créditos

Adicionais Suplementares, Especiais ou Extraordinários, ou por meio de Cancelamentos. Na sequência, estão outras duas colunas: **Despesa Empenhada, Despesa Liquidada** e **Despesa Paga**, que evidenciam (conforme explicado no Capítulo 1) o processamento da Despesa. Por último, o Saldo da Dotação, que trata da diferença entre a Dotação Atualizada e a Despesa Empenhada. Como é possível perceber, há uma quantidade de dados que permitem acompanhar com precisão a execução do orçamento e realizar as alterações necessárias com vistas a manter as metas fiscais e o equilíbrio orçamentário. Esses balanços decorreram das novas normas, tendo sido possíveis dada à edição da LRF.

Quadro 3.19 – Despesas Orçamentárias

Despesas orçamentárias	*Dotação inicial (d)*	*Dotação atualizada (e)*	*Despesas empenhadas (f)*	*Despesas liquidadas (g)*	*Despesas pagas (h)*	*Saldo da dotação (I) = (e-f)*
DESPESAS CORRENTES						
PESSOAL E ENCARGOS SOCIAIS						
JUROS E ENCARGOS DA DÍVIDA						
OUTRAS DESPESAS CORRENTES						
DESPESAS DE CAPITAL						
INVESTIMENTOS						
INVERSÕES FINANCEIRAS						
AMORTIZAÇÃO DA DÍVIDA						
RESERVA DE CONTINGÊNCIA						
RESERVA DO RPPS						

(continua)

(*Quadro 3.19 – conclusão*)

Despesas orçamentárias	*Dotação inicial (d)*	*Dotação atualizada (e)*	*Despesas empenhadas (f)*	*Despesas liquidadas (g)*	*Despesas pagas (h)*	*Saldo da dotação (I) = (e-f)*
SUBTOTAL DAS DESPESAS (VI)						
AMORTIZAÇÃO DA DÍVIDA / REFINANCIAMENTO (VII)						
Amortização da dívida interna						
Dívida Mobiliária						
Outras Dívidas						
Amortização da dívida externa						
Dívida Mobiliária						
Outras Dívidas						
SUBTOTAL COM REFINANCIAMENTO (VIII) = (VI + VII)						
SUPERAVIT (IX)						
TOTAL (X) = (VII + IX)						

Fonte: Brasil, 2012c, p. 10.

O BO conta ainda com dois anexos. O Anexo 1, Demonstrativo de Execução dos Restos a Pagar não Processados (RPNP), que indica os empenhos que não passaram pelo estágio da liquidação da despesa nem pelo pagamento, e o Anexo 2, Demonstrativo de Execução dos Restos a Pagar Processados (RPP). Esses dois demonstrativos são relacionados às despesas que foram empenhadas e não pagas até o final do exercício. As informações contidas nesses anexos permitem uma análise conjunta com os resultados apurados no BO, pois refletem o comportamento do pagamento dos Restos a Pagar, ou Dívida Flutuante, e o impacto desse comportamento no exercício fiscal.

Quadro 3.20 – Anexo 1

ANEXO 1 – DEMONSTRATIVO DE EXECUÇÃO DOS RESTOS A PAGAR NÃO PROCESSADOS

Restos a pagar não processados	*Inscritos*		*Liquidados (c)*	*Pagos (d)*	*Cancelados (e)*	*Saldo (f)=(a+b+c-e)*
	Em exercícios anteriores (a)	*Em 31 de dezembro do exercício anterior (b)*				
DESPESAS CORRENTES						
PESSOAL E ENCARGOS SOCIAIS						
JUROS E ENCARGOS DA DÍVIDA						
OUTRAS DESPESAS CORRENTES						
DESPESAS DE CAPITAL						
INVESTIMENTOS						
INVERSÕES FINANCEIRAS						
AMORTIZAÇÃO DA DÍVIDA						
TOTAL						

Fonte: Brasil, 2012c, p. 10.

Quadro 3.21 – Anexo 2

ANEXO 2 – DEMONSTRATIVO DE EXECUÇÃO DOS RESTOS A PAGAR PROCESSADOS E NÃO PROCESSADOS LIQUIDADOS					
Restos a pagar não processados e não processados liquidados	*Inscritos*		*Pagos (d)*	*Cancelados (e)*	*Saldo (f) = (a+b+c-e)*
	Em exercícios anteriores (a)	*Em 31 de dezembro do exercício anterior (b)*			
DESPESAS CORRENTES					
PESSOAL E ENCARGOS SOCIAIS					
JUROS E ENCARGOS DA DÍVIDA					
OUTRAS DESPESAS CORRENTES					
DESPESAS DE CAPITAL					
INVESTIMENTOS					
INVERSÕES FINANCEIRAS					
AMORTIZAÇÃO DA DÍVIDA					
TOTAL					

Fonte: Brasil, 2012c, p. 11.

A análise do BO, por sua vez, permite fazer algumas avaliações sobre o desempenho da arrecadação, a realização das despesas e o resultado da execução orçamentária obtido pelo confronto entre a receita arrecadada e a despesa executada. Também é possível, como antes indicado, realizar comparações entre previsões e autorizações com o realizado. No caso, por exemplo, de a Receita Prevista (quando comparada com a Realizada) apresentar um excesso de arrecadação, ou seja, uma arrecadação acima do valor esperado, será possível a abertura de Créditos Adicionais com base nesse valor adicional. Caso contrário, porém, quando a receita arrecada é menor do que a estimada, haverá uma frustração de arrecadação. Nesse caso, deverá ocorrer o devido contingenciamento das despesas por meio da limitação de empenhos, como recomenda a LRF.

Quando a comparação entre a Dotação Autorizada (Créditos Orçamentários) e a Despesa Empenhada (realizada) apresentar um valor menor, ou seja, quando o Empenhado for inferior ao valor da Dotação, estaremos diante de uma economia orçamentária. Quando, porém, ocorre de o montante de empenho ser maior do que a Dotação, estaremos diante de uma **situação irregular e ilegal**. Essa situação fere frontalmente o que determina a legislação, em particular o previsto no art. 59 da Lei n. 4.320/1964. Essa situação, de empenhar acima da Dotação, atualmente é difícil de ocorrer, pois a maioria dos órgãos públicos tem sua contabilidade informatizada. Dada essa condição, a emissão de notas de empenho em valores acima da dotação é impraticável porque, como se diz no jargão, "o sistema trava".

É preciso sublinharmos a importância da análise do BO, pois ela apresenta o resultado da execução orçamentária, que pode ser deficitário ou superavitário. Um superávit será obtido quando a Receita Realizada for maior do que o total da Despesa Realizada (Empenhada). No caso contrário, quando as Despesas Realizadas forem maiores do que as Receitas Realizadas, haverá déficit. Ambos são orçamentários, ou seja, indicam o comportamento das Receitas e Despesas no decorrer do exercício em função do autorizado no orçamento, por meio da Lei Orçamentária Anual (LOA) aprovada.

O que deve ser evitado, e para isso o BO permite controle, é a ocorrência continuada de déficits. Sendo assim, a principal utilidade dessa ferramenta contábil, nos termos aqui apresentados, é possibilitar uma política fiscal de equilíbrio, a qual pode ocorrer por meio de contingenciamentos de despesas (restrição a novos empenhos e limitações no uso das dotações) ou pelo caminho mais difícil no curto prazo, que é o aumento das receitas.

Balanço Financeiro

O Balanço Financeiro (BF) evidencia as movimentações financeiras da entidade pública e é um balanço mais abrangente que o orçamentário, pois envolve movimentações orçamentárias e extraorçamentárias. Em resumo, o BF registra todas as entradas e saídas de recursos financeiros. Ele também indica o saldo inicial, na forma de Saldo em Espécie do Exercício Anterior, e o saldo final, na forma de Saldo em Espécie para o Exercício Seguinte. A finalidade dessa ferramenta é determinada na Lei n. 4.320/1964, no art. 103, que expressa o que indicamos da seguinte forma:

> Art. 103. O Balanço Financeiro demonstrará a receita e a despesa orçamentárias, bem como os recebimentos e os pagamentos de natureza extraorçamentária, conjugados com os saldos em espécie provenientes do exercício anterior, e os que se transferem para o exercício seguinte. (Brasil, 1964)

Há no art. 103 um parágrafo único: "Os Restos a Pagar do exercício serão computados na receita extraorçamentária para compensar sua inclusão na despesa orçamentária" (Brasil, 1964).

O texto exige algumas explicações para que se possa entender seu significado. Embora as novas normas de contabilidade enfatizem a necessidade de evitar o regime contábil misto e passar a contabilizar tanto as Receitas quanto as Despesas sob regime de competência, os Restos a Pagar, dada a sistemática de processamento da Receita (expressa no Capítulo 1), são inevitáveis. Em outras palavras, esses valores são um meio consistente de indicar dívidas de curto prazo, que são dívidas vencíveis no ano subsequente à apuração do Balanço Patrimonial, que estudaremos a seguir. Sendo assim, dada a necessidade de se apresentar dados contábeis sem descontos, ou seja, com seus valores brutos, para que seja indicada com clareza a totalidade dos valores mobilizados, os Restos a Pagar devem ser somados, na condição de Receitas Extraorçamentárias, ao total dos Ingressos. É necessário observar que, ao fazer isso do lado dos Dispêndios, o valor das Despesas Orçamentárias será o total dos valores empenhados no ano. Sendo assim, o valor líquido resultante (Restos a Pagar, Ingressos, *versus* a Despesa Empenhada, Dispêndios) será relativo à movimentação financeira. Caso isso não ocorresse, o Saldo em Espécie para o Exercício Seguinte em nada significaria na qualidade de disponibilidade real.

Em sua estrutura, o BF divide-se em **Ingressos** e **Dispêndios**. Em cada uma dessas divisões, há uma separação em **Orçamentárias** e **Extraorçamentárias**. Há ainda os Saldos em Espécie do Exercício Anterior e o Saldo em Espécie para o Exercício Seguinte (Quadro 3.22).

Quadro 3.22 – Balanço Financeiro

<Ente da Federação>					
Balanço Financeiro					
Exercício:	*Período (Mês):*		*Data de Emissão:*		*Página:*
INGRESSO			*DISPÊNDIO*		
Especificação	*Exercício Atual*	*Exercício Anterior*	*Especificação*	*Exercício Atual*	*Exercício Anterior*
Receita Orçamentária (I)			**Despesa Orçamentária (VI)**		
Ordinária			Ordinária		
Vinculada			Vinculada		
Previdência Social			Previdência Social		
Transferências obrigatórias de outro ente			Transferências obrigatórias de outro ente		
Convênios			Convênios		
(...)			(...)		
(-) Deduções de Receita Orçamentária					
Transferências Financeiras Recebidas (II)			**Transferências Financeiras Concedidas (VII)**		
Recebimentos Extraordinários (III)			**Pagamentos Extraordinários (VIII)**		
Saldo em Espécie do Exercício Anterior (IV)			**Saldo em Espécie para o Exercício Seguinte (IX)**		
TOTAL (V) = (I + II + III + IV)			TOTAL (X) = (VI + VII + VIII + IX)		

Fonte: Brasil, 2012, p. 18.

As Receitas e Despesas Orçamentárias são apresentadas em valores e separadas em **Ordinárias** e **Vinculadas**. Essa separação evidencia uma movimentação de fundos, ou seja, a origem de determinadas receitas e o destino vinculado. Em outras palavras, a ideia é demonstrar os ingressos e dispêndios separando os recursos ordinários, que são aqueles de livre aplicação para a entidade, daqueles que são legalmente vinculados, como é o caso das aplicações obrigatórias no ensino e na saúde, além dos convênios, entre outros.

O BF nos permite a comparação entre o Saldo em Espécie do Exercício Anterior – que equivale a um saldo inicial, porque é o saldo existente no dia 1º de janeiro do exercício fiscal – e o Saldo em Espécie para o Exercício Seguinte, que equivale ao saldo final, no dia 31 de dezembro. Naturalmente, tal comparação entre saldos exige uma equivalência de valores, considerando a inflação (variação de preços) para uma comparação consistente. Apesar dessa restrição necessária, é possível comparar horizontalmente os valores, ou seja, dividir o saldo inicial com o total da Receita. O mesmo poderá ser feito com o saldo final. Por fim, ambos os saldos poderão ser comparados com o total das Despesas. Tanto uma comparação quanto outra (e outras mais) servem para demonstrar o fluxo de recursos financeiros ao longo do exercício. É importante destacar o BF, pois ele possibilita análises das mais variadas quanto ao fluxo de ingressos e quanto às saídas de recursos financeiros.

Balanço Patrimonial

O objeto da contabilidade pública é o patrimônio (CFC, 2008a). Portanto, o Balanço Patrimonial (BP) é uma demonstração contábil relevante. Na Norma Brasileira de Contabilidade Aplicada ao Setor Público NBC T 16.1, encontramos "Conceituação", "Objeto" e "Campo de Aplicação". Fica definido o objetivo da contabilidade aplicada ao setor público:

> [...] fornecer aos usuários informações sobre os resultados alcançados e os aspectos de natureza orçamentária, econômica, financeira e física do patrimônio da entidade do setor público e suas mutações, em apoio ao processo

> de tomada de decisão; a adequada prestação de contas; e o necessário suporte para a instrumentalização do controle social. (CFC, 2008a)

Sendo assim, tal objetivo deverá ser observado no BP, que, por sua vez, conforme determina a Lei n. 4.320/1964, em seu art. 105, será o expresso no Anexo 14 – Balanço Patrimonial. Consta desse balanço o *Ativo* e o *Passivo Financeiro* e o *Ativo* e o *Passivo Permanente*, componentes assim denominados em conformidade com o artigo citado. Posteriormente, como veremos adiante, eles foram alterados; contudo, é necessário aqui indicar o que cada um desses itens contém. Com esse intuito, vejamos os parágrafos do art. 105:

> [...]
>
> § 1º O Ativo Financeiro compreenderá os créditos e valores realizáveis independentemente de autorização orçamentária e os valores numerários.
>
> § 2º O Ativo Permanente compreenderá os bens, créditos e valores, cuja mobilização ou alienação dependa de autorização legislativa.
>
> § 3º O Passivo Financeiro compreenderá as dívidas fundadas e outros pagamentos que independam de autorização orçamentária.
>
> § 4º O Passivo Permanente compreenderá as dívidas fundadas e outras que dependam de autorização legislativa para amortização ou resgate. (Brasil, 1964)

Em decorrência das novas normas de contabilidade, como já indicamos, o termo *financeiro* foi substituído por *circulante*, e o termo *permanente* por *não circulante*. No Quadro 3.23, vemos o BP definido pela Secretaria do Tesouro Nacional (STN), por meio do MCASP.

Quadro 3.23 – Balanço Patrimonial (Ativo Passivo)

<Ente da Federação>					
Balanço Patrimonial					
Exercício:	*Período (Mês):*		*Data de Emissão:*	*Página:*	
Especificação	*Exercício Atual*	*Exercício Anterior*	***Especificação***	*Exercício Atual*	*Exercício Anterior*
ATIVO CIRCULANTE			PASSIVO CIRCULANTE		
Caixa e Equivalentes de Caixa			Obrigações Tributárias, Previdenciárias e Assistenciais a Pagar a Curto Prazo		
Créditos a Curto Prazo			Empréstimos e Financiamentos a Curto Prazo		
Clientes			Fornecedores e Contas a Pagar a Curto Prazo		
Créditos Tributários a Receber			Obrigações Fiscais a Curto Prazo		
Dívida Ativa Tributária			Obrigações e Repartições a Outros Entes		
Dívida Ativa não Tributária – Clientes			Provisões a Curto Prazo		
Créditos de Transferências a Receber			Demais Obrigações a Curto Prazo		
Empréstimos e Financiamentos Concedidos					
(-) Ajuste de Perdas de Crédito a Curto Prazo					

(continua)

(Quadro 3.23 – continuação)

Especificação	*Exercício Atual*	*Exercício Anterior*	*Especificação*	*Exercício Atual*	*Exercício Anterior*
Demais Créditos e Valores a Curto Prazo			**PASSIVO NÃO CIRCULANTE**		
Investimentos e Aplicações Temporárias a Curto Prazo			Obrigações Tributárias, Previdenciárias e Assistenciais a Pagar a Longo Prazo		
Estoques			Empréstimos e Financiamentos a Longo Prazo		
VPD Pagas Antecipadamente			Fornecedores a Longo Prazo		
ATIVO NÃO CIRCULANTE			Obrigações Fiscais a Longo Prazo		
Ativo Realizável a Longo Prazo			Obrigações e Repartições a Outros Entes		
Créditos a Longo Prazo			Provisões a Longo Prazo		
Clientes			Demais Obrigações a Longo Prazo		
Créditos Tributários a Receber			Resultado Diferido		
Dívida Ativa Tributária			**TOTAL DO PASSIVO**		
Dívida Ativa não Tributária – Clientes			**PATRIMÔNIO LÍQUIDO**		
Créditos de Transferências a Receber			**TOTAL DO PATRIMÔNIO LÍQUIDO**		
Empréstimos e Financiamentos Concedidos			Patrimônio Social e Capital Social		
(-) Ajuste de Perdas de Crédito a Longo Prazo			Adiantamento para Futuro Aumento de Capital		
Demais Créditos e Valores a Longo Prazo			Reservas de Capital		
Investimentos e Aplicações Temporárias a Longo Prazo			Ajustes de Avaliação Patrimonial		
Estoques			Demais Reservas		
VPD Pagas Antecipadamente			Resultados Acumulados		
Investimentos					
Participações Permanentes					
Participações Avaliadas pelo Método de Equivalente Patrimonial					
Participações Avaliadas pelo Método de Custo					

(*Quadro 3.23 – conclusão*)

Especificação	*Exercício Atual*	*Exercício Anterior*	*Especificação*	*Exercício Atual*	*Exercício Anterior*
Propriedades para Investimento			Resultados do Exercício		
Demais Investimentos Permanentes			Resultados de Exercícios Anteriores		
Imobilizado			Ajustes de Exercícios Anteriores		
Bens Móveis			(-) Ações / Cotas em Tesourarias		
Bens Imóveis					
Intangível					
Softwares					
Marcas, Direitos e Patentes Industriais					
Direito de Uso de Imóveis					
TOTAL			**TOTAL**		

Fonte: Brasil, 2012c, p. 31.

Como é possível observar, as novas normas atendem ao definido na Lei n. 4.320/1964. Observa-se, porém, um maior detalhamento nessa proposta da STN. O BP assim definido atende à divisão necessária para a interpretação plena do patrimônio. Ele é composto por duas orientações quanto à ordem de apresentação de seus itens: a liquidez e a exigibilidade. Pelo lado dos Ativos, há a organização em escala crescente dos itens em conformidade com a liquidez, ou seja, com a capacidade de conversão em espécie do item. Quanto maior o prazo associado para a conversão (venda ou alienação), menor será a liquidez; assim, mais abaixo será apresentado o componente do Ativo. Quanto ao Passivo, quanto menor o prazo a ser honrado para atender ao compromisso, maior será a exigibilidade. Dessa forma, as obrigações com prazos de atendimento mais curto serão colocadas em primeiro lugar. Com essa forma de classificação dos itens do Ativo e do Passivo, é possível que haja confrontos entre os dois lados do BP, pois os itens de maior liquidez poderão atender a obrigações de prazo menores.

Com base nessa classificação, é possível fazer a outra divisão entre os itens do BP: os **Circulantes** e os **Não Circulantes.** O termo *circulante* vem de *ciclo econômico.* No caso do setor público, é possível associar o ciclo econômico com o exercício fiscal. Não há problema, portanto, em definir o que seja Circulante, sejam Ativos ou Passivos: trata-se do que está disponível para uso ou realização dentro do período entre 1º de janeiro e 31 de dezembro ou como obrigação a cumprir nesse mesmo tempo. Dada essa condição, o Superávit Financeiro (indicado no item 4.2.3) representa um valor que de fato poderá ser utilizado para atender aos Créditos Adicionais, pois a liquidez de curto prazo, a maior, pode financiar novas dotações durante o decorrer do ano. Por último, o resultado maior da comparação entre o total do Ativo e do Passivo será o Patrimônio Líquido, cujo valor representa o montante de riqueza sem comprometimento com obrigações.

É importante observar, que antes das novas normas de contabilidade e da divulgação do novo formato do BP pela STN, alguns elementos patrimoniais não eram evidenciados. É o caso dos Tributos e Créditos a Receber (valores decorrentes dos lançamentos explicitados no Capítulo 1), Depreciações, Intangíveis, Provisões para Férias e Décimo Terceiro, entre outros. A razão para essas ausências era a falta de um plano de contas adequado e consequentemente a falta de procedimentos contábeis patrimoniais, o que hoje foi superado pelo Plano de Contas Aplicado ao Setor Público (PCASP).

Em se tratando da NBCT 16.6, são definidos os termos aqui apresentados na seguinte forma:

> **Definições**
>
> 2. Para efeito desta Norma, entende-se por:
>
> Circulante: o conjunto de bens e direitos realizáveis e obrigações exigíveis até doze meses da data das demonstrações contábeis. Não circulante: o conjunto de bens e direitos realizáveis e obrigações exigíveis após doze

meses da data das demonstrações contábeis. (CFC, 2008e, grifo do original)

Comprova-se que o BP, ao deixar de apresentar Ativos e Passivos Financeiros e Permanentes, e passando a apresentar em substituição o Circulante e o Não Circulante, não confrontou os preceitos da Lei n. 4.320/1964. Com isso, a apuração do Superávit Fiscal (exposta na Seção 4.2.3) permanece vigente. Para bem garantir tal condição, o PCASP criou atributos* para as contas contábeis, entre eles o atributo *Indicador para Cálculo do Superávit Financeiro*, que indica em cada conta a letra "P" para *permanente* e a letra "F" para *financeiro*, permitindo assim apurar o Superávit Financeiro exigido pela Lei n. 4.320/1964. Manteve, portanto, a nomenclatura anterior, mas não deixou de introduzir as novas classificações em conformidade com as novas normas de contabilidade.

Como não é possível, na estrutura do novo BP, identificar o Superávit Financeiro (pois para a apuração desse resultado é necessário incluir os Restos a Pagar Não Processados, item que não compõe o Passivo Circulante, mas continua fazendo parte da apuração do Superávit Financeiro), foi criado um anexo ao Balanço Patrimonial para essa finalidade. Esse novo anexo é reproduzido no Quadro 3.24.

Quadro 3.24 – Novo Anexo

<table>
<tr><td>ATIVO FINANCEIRO</td><td></td><td></td><td>PASSIVO FINANCEIRO</td><td></td><td></td></tr>
<tr><td>ATIVO PERMANENTE</td><td></td><td></td><td>PASSIVO PERMANENTE</td><td></td><td></td></tr>
<tr><td>SALDO PATRIMONIAL</td><td colspan="3"></td><td></td><td></td></tr>
</table>

Fonte: Brasil, 2012c, p. 31.

◆ ◆ ◆

* Segundo o MCASP (Brasil, 2012b, p. 37, grifo do original), "*atributos da conta contábil* é o conjunto de características próprias que a individualizam, distinguindo-a de outra conta pertencente ao plano de contas. Os atributos podem ser definidos por conceitos teóricos, força legal ou por características operacionais do sistema utilizado".

Quanto aos valores compensados, anteriormente explicitados no BP, que são os potenciais valores que podem alterar a situação patrimonial a qualquer momento, foi criado um demonstrativo específico, conforme o Quadro 3.25.

Quadro 3.25 – Demonstrativo específico

Especificação	*Exercício Atual*	*Exercício Anterior*	*Especificação*	*Exercício Atual*	*Exercício Anterior*
Saldo dos Atos Potenciais Ativos			Saldo dos Atos Potenciais Passivos		
TOTAL			TOTAL		

Fonte: Brasil, 2012c, p. 32.

Demonstração das Variações Patrimoniais

Diferentemente do Balanço Patrimonial, que evidencia ao final do exercício uma situação estática do patrimônio, a Demonstração das Variações Patrimoniais (DVP) tem como objetivo mostrar os fatos que causam as alterações no patrimônio durante o exercício. Sendo assim, a DVP indica quais fatores contribuíram para o aumento ou para a diminuição do Patrimônio Líquido da entidade. As variações patrimoniais são ativas ou passivas; podem, portanto, acarretar aumento ou diminuição no total do Patrimônio Líquido. As que aumentam o Patrimônio Líquido são, naturalmente, as Variações Patrimoniais Aumentativas (VPA). Um exemplo é a arrecadação de Receita, que pode ter seu reconhecimento feito antes ou no momento da arrecadação. Por outro lado, um exemplo de Variação Patrimonial Diminutiva (VPD) é o pagamento de uma Despesa. Ambas são variações quantitativas. Há, além disso, variações que não afetam o Patrimônio Líquido. Elas são denominadas *variações qualitativas* e não alteram a situação líquida patrimonial. Um exemplo é a aquisição de um veículo. Nesse caso, há a troca de um Ativo (Disponibilidades) por outro Ativo (Veículos). Altera-se a composição dos elementos patrimoniais, sem alterar, portanto, o Patrimônio Líquido. Tais exemplos naturalmente não ocorrem com a devida simultaneidade. Entre a aquisição e os procedimentos administrativos para o registro patrimonial, por exemplo, há sempre prazos a serem respeitados. No caso, contudo, da Contabilidade Aplicada ao Setor Público, tais prazos não devem tolher o registro contábil da movimentação, sob pena de gerar inconsistência de Balanços e Demonstrativos.

Quadro 3.26 – Demonstração das variações patrimoniais

<Ente da Federação>		
Demonstração das Variações Patrimoniais		
Exercício: *Período (Mês):* *Data de Emissão:* *Página:*		
VARIAÇÕES PATRIMONIAIS QUANTITATIVAS		
	Exercício Atual	**Exercício Anterior**
Variações Patrimoniais Aumentativas		
Impostos, Taxas e Contribuições de Melhoria		
Impostos		
Taxas		
Contribuições de Melhoria		
Contribuições		
Contribuições Sociais		
Contribuições de Intervenção no Domínio Econômico		
Contribuição de Iluminação Pública		
Contribuições de Interesse das Categorias Profissionais		

(continua)

(Quadro 3.26 – continuação)

<Ente da Federação>		
Demonstração das Variações Patrimoniais		
Exercício: Período (Mês): Data de Emissão: Página:		
VARIAÇÕES PATRIMONIAIS QUANTITATIVAS		
	Exercício Atual	Exercício Anterior
Exploração e Venda de Bens, Serviços e Direitos		
Venda de Mercadorias		
Venda de Produtos		
Exploração de Bens e Direitos e Prestação de Serviços		
Variações Patrimoniais Aumentativas Financeiras		
Juros e Encargos de Empréstimos e Financiamentos Concedidos		
Juros e Encargos de Mora		
Variações Monetárias e Cambiais		
Descontos Financeiros Obtidos		
Remuneração de Depósitos Bancários e Aplicações Financeiras		
Outras Variações Patrimoniais Aumentativas – Financeiras		
Transferências e Delegações Recebidas		
Transferências Intragovernamentais		
Transferências Intergovernamentais		
Transferências das Instituições Privadas		
Transferências das Instituições Multigovernamentais		
Transferências de Consórcios Públicos		
Transferências do Exterior		
Delegações Recebidas		
Transferências de Pessoas Físicas		
Valorização e Ganhos com Ativos		
Reavaliação de Ativos		
Ganhos com Alienação		
Ganhos com Incorporação de Ativos por Descobertas e Nascimentos		

(Quadro 3.26 – continuação)

<Ente da Federação>		
Demonstração das Variações Patrimoniais		
Exercício: Período (Mês): Data de Emissão: Página:		
VARIAÇÕES PATRIMONIAIS QUANTITATIVAS		
	Exercício Atual	Exercício Anterior
Outras Variações Patrimoniais Aumentativas		
Variação Patrimonial Aumentativa a Classificar		
Resultado Positivo de Participações		
Reversão de Provisões e Ajustes de Perdas		
Diversas Variações Patrimoniais Aumentativas		
Variações Patrimoniais Diminutivas		
Pessoal e Encargos		
Remuneração a Pessoal		
Encargos Patronais		
Benefícios a Pessoal		
Custo de Pessoal e Encargos		
Outras Variações Patrimoniais Diminutivas - Pessoal e Encargos		
Benefícios Previdenciários e Assistenciais		
Aposentadorias e Reformas		
Pensões		
Benefícios de Prestação Continuada		
Benefícios Eventuais		
Políticas Públicas de Transferência de Renda		
Outros Benefícios Previdenciários e Assistenciais		
Uso de Bens, Serviços e Consumo de Capital Fixo		
Uso de Material de Consumo		
Serviços		
Depreciação, Amortização de Exaustão		
Custo de Materiais, Serviços e Consumo de Capital Fixo		

<Ente da Federação>

Demonstração das Variações Patrimoniais

Exercício: Período (Mês): Data de Emissão: Página:

VARIAÇÕES PATRIMONIAIS QUANTITATIVAS

	Exercício Atual	Exercício Anterior
Variações Patrimoniais Diminutivas Financeiras		
Juros e Encargos de Empréstimos e Financiamentos Obtidos		
Juros e Encargos de Mora		
Variações Monetárias e Cambiais		
Descontos Financeiros Concedidos		
Outras Variações Patrimoniais Diminutivas – Financeiras		
Transferências e Delegações Concedidas		
Transferências Intragovernamentais		
Transferências Intergovernamentais		
Transferências a Instituições Privadas		
Transferências a Instituições Multigovernamentais		
Transferências a Consórcios Públicos		
Transferências ao Exterior		
Delegações Concedidas		
Desvalorização e Perdas de Ativos		
Redução a Valor Recuperável e Provisão para Perdas		
Perdas com Alienação		
Perdas Involuntárias		
Tributarias		
Impostos, Taxas e Contribuições de Melhoria		
Contribuições		
Custo com Tributos		

(Quadro 3.26 – conclusão)

<Ente da Federação>		
Demonstração das Variações Patrimoniais		
Exercício: *Período (Mês):* *Data de Emissão:* *Página:*		
VARIAÇÕES PATRIMONIAIS QUANTITATIVAS		
	Exercício Atual	**Exercício Anterior**
Outras Variações Patrimoniais Diminutivas		
Premiações		
Resultado Negativo de Participações		
Incentivos		
Subvenções Econômicas		
Participações e Contribuições		
VPD de Constituição de Provisões		
Custo de Outras VPD		
Diversas Variações Patrimoniais Diminutivas		
Resultado Patrimonial do Período		
VARIAÇÕES PATRIMONIAIS QUALITATIVAS (decorrentes da execução orçamentária)		
Incorporação de ativo		
Desincorporação de passivo		
Incorporação de passivo		
Desincorporação de ativo		

Fonte: Brasil, 2012c, p. 23-25.

O dado mais significativo que a DVP apresenta é se o resultado econômico ao final do exercício acarretou aumentos ou diminuições no Patrimônio Líquido. Tal demonstração possibilita, além do mais, a interpretação das variações, de modo a indicar se ocorreram por decorrência da execução do orçamento ou de forma independente a ela. É relevante destacarmos que há diversos elementos na DVP que possibilitam as mais diversificadas interpretações e análises.

Demonstração dos Fluxos de Caixa

Demonstrativo não previsto entre os anexos da Lei n. 4.320/1964, a Demonstração dos Fluxos de Caixa (DFC), já utilizada na iniciativa privada, foi introduzida de forma obrigatória pelas normas brasileiras de contabilidade pública por meio da norma NBC T 16.6 (CFC, 2008e). Com esse demonstrativo, é possível projetar cenários de fluxos futuros de caixa e elaborar análise sobre eventuais mudanças em torno da capacidade de manutenção do financiamento regular de serviços públicos. O objetivo dessa ferramenta é evidenciar os fluxos de recursos financeiros, caixa e equivalentes de caixa, em três tipos: **operacional**, de **investimento** e de **financiamento**.

O fluxo operacional demonstra a capacidade que a entidade tem de manter suas operações em andamento somente com as denominadas *receitas operacionais*. Caso ocorra um fluxo negativo, caracteriza-se uma situação não favorável, pois ele indica que a entidade não consegue manter seu nível mínimo de atividade sem depender de recursos outros que não os operacionais. Para o fluxo de investimentos, um resultado negativo não indica necessariamente uma condição desfavorável, pois ampliações e benfeitorias podem estar sendo realizadas, o que significa uma ampliação e uma melhoria no atendimento à população. Essa informação (fluxo de investimentos) precisa estar em consonância com o fluxo de financiamento da entidade, ou seja, é preciso saber o quanto a entidade está comprometida com recursos de terceiros.

A estrutura da DFC apresenta os valores do Exercício Atual e do Exercício Anterior. Nessa demonstração haverá a comparação de Fluxo de Operações (decorrente das atividades que geram Receitas), Fluxo de Investimentos (que inclui a alienação e a aquisição de bens permanentes) e Fluxo de Financiamentos (que inclui os recursos de aquisição e amortização de recursos derivados de operações de crédito). A comparação desses três fluxos com os demais balanços permite à entidade analisar o índice de liquidez, a capacidade de manter a sua capacidade produtiva e de investimento e o nível de endividamento.

Quadro 3.27 – Fluxos de caixa

<*Ente da Federação*>		
Demonstração dos Fluxos de Caixa		
Exercício: *Período (Mês):* *Data de Emissão:* *Página:*		
	Exercício Atual	**Exercício Anterior**
FLUXOS DE CAIXA DAS ATIVIDADES DAS OPERAÇÕES		
INGRESSOS		
RECEITAS DERIVADAS		
Receita Tributária		
Receita de Contribuições		
Outras Receitas Derivadas		
RECEITAS ORIGINÁRIAS		
Receita Patrimonial		
Receita Agropecuária		
Receita Industrial		
Receita de Serviços		
Outras Receitas Originárias		
Remuneração das Disponibilidades		
TRANSFERÊNCIAS		
Intergovernamentais		
Da União		
De Estados e Distrito Federal		
De Municípios		
Intragovernamentais		
DESEMBOLSOS		
PESSOAL E OUTRAS DESPESAS CORRENTES POR FUNÇÃO		
Legislativa		
Judiciária		
Administração		
Defesa Nacional		
Segurança Pública		

(continua)

(Quadro 3.27 – continuação)

<Ente da Federação>		
Demonstração dos Fluxos de Caixa		
Exercício: Período (Mês): Data de Emissão: Página:		
	Exercício Atual	**Exercício Anterior**
Relações Exteriores		
Assistência Social		
Saúde		
Trabalho		
Educação		
(...)		
JUROS E ENCARGOS DA DÍVIDA		
Juros e Correção Monetária da Dívida Interna		
Juros e Correção Monetária da Dívida Externa		
Outros Encargos da Dívida		
TRANSFERÊNCIAS		
Intergovernamentais		
à União		
a Estados e Distrito Federal		
a Municípios		
Intragovernamentais		
FLUXO DE CAIXA LÍQUIDO DAS ATIVIDADES DAS OPERAÇÕES		
FLUXO DE CAIXA DAS ATIVIDADES DE INVESTIMENTO		
INGRESSOS		
ALIENAÇÕES DE BENS		
AMORTIZAÇÃO DE EMPRÉSTIMOS E FINANCIAMENTOS CONCEDIDOS		
DESEMBOLSOS		
AQUISIÇÃO DE ATIVOS NÃO CIRCULANTES		
CONCESSÃO DE EMPRÉSTIMOS E FINANCIAMENTOS		

(Quadro 3.27 – conclusão)

<Ente da Federação>		
Demonstração dos Fluxos de Caixa		
Exercício: Período (Mês): Data de Emissão: Página:		
	Exercício Atual	Exercício Anterior
FLUXO DE CAIXA LÍQUIDO DAS ATIVIDADES DE INVESTIMENTO		
FLUXO DE CAIXA DAS ATIVIDADES DE FINANCIAMENTO		
INGRESSOS		
OPERAÇÕES DE CRÉDITO		
DESEMBOLSOS		
AMORTIZAÇÃO/REFINANCIAMENTO DA DÍVIDA		
FLUXO DE CAIXA LÍQUIDO DAS ATIVIDADES DE FINANCIAMENTO		
APURAÇÃO DO FLUXO DE CAIXA DO PERÍODO		
GERAÇÃO LÍQUIDA DE CAIXA E EQUIVALENTE DE CAIXA		
CAIXA E EQUIVALENTE DE CAIXA INICIAL		
CAIXA E EQUIVALENTE DE CAIXA FINAL		

Fonte: Brasil, 2012c, p. 40-41.

3.3 Conclusões

Esse conjunto de novos demonstrativos deve ser utilizado em sua totalidade, ou seja, um único balanço não é o suficiente para uma análise precisa da situação patrimonial da entidade e de sua situação fiscal. Cada um desses relatórios apresenta elementos que possibilitam análises ao longo do tempo e também no momento em que são consolidados. Servem, portanto, para o cotidiano das decisões, quanto ao uso de recursos públicos, e para os demais controles externos, sociais e institucionais. Trata-se, sem dúvida, de um conjunto de novos dados de grande utilidade, os quais, por decorrência das novas normas de contabilidade, estão sendo introduzidos na Administração Pública.

Exercícios resolvidos

1. Com base nas contas contábeis referentes aos lançamentos típicos da Administração Pública a seguir relacionados, indique a natureza da conta com "P" (Patrimonial) "O" (Orçamentária) e "C" (Controle):

Conta Contábil	*Natureza*
4.1.1.2.1 – IPTU	P
6.2.2.1.1 – Crédito Disponível	O
7.2.1.1 – Controle das disponibilidades de recursos	C
2.1.3.1.1 – Fornecedores a curto prazo	P
6.2.2.1.3 – Crédito empenhado a liquidar	O

Comentários:

a. A arrecadação desse valor impacta no patrimônio, aumentando-o, daí sua natureza patrimonial.
b. Essa é uma conta de natureza orçamentária, uma vez que indica valores e serem executados durante o exercício previstos em orçamento.
c. A própria nomenclatura da conta não deixa dúvidas de sua natureza.
d. O efeito de tal conta é direto sobre o patrimônio, há um efeito passivo, diminuindo, portanto, o patrimônio, daí sua natureza.
e. Típica conta orçamentária vinculada à despesa.

2. Com base nos dados do balanço orçamentário a seguir, assinale (V) verdadeiro ou (F) falso:

Receita prevista	R$ 120.000,00	Despesa empenhada	R$ 100.000,00
Receita realizada	R$ 110.000,00	Despesa liquidada	R$ 95.000,00
Despesa fixada	R$ 120.000,00	Despesa paga	R$ 90.000,00

a. (**F**) Houve um excesso de arrecadação de R$ 20.000,00.

Comentário: O excesso de arrecadação decorreu da diferença entre receita prevista e realizada, que foi R$ 10.000,00.

b. (**V**) Ocorreu um superávit orçamentário de R$ 10.000,00.

Comentário: O Superávit Orçamentário é calculado com base nos dados do Balanço Orçamentário. Ali se contrapõem Receita Realizada *versus* Despesa Empenhada. No caso, o cálculo ficou em R$ 110.000,00 menos R$ 100.000,00, resultando em R$ 10.000,00.

c. (**F**) Houve uma economia orçamentária de R$ 25.000,00.

Comentário: O termo *economia orçamentária* decorre de valores dotados no orçamento (dotações orçamentárias para atender às despesas), porém não totalmente atendidos, daí a economia (uso inferior ao previsto). Esse valor é obtido pela diferença entre Despesa Fixada e Despesa Empenhada. No caso foi de R$ 120.000,00 menos R$ 100.000,00, temos o resultado de R$ 20.000,00.

d. (**V**) O valor a ser inscrito em Restos a Pagar Processados é de R$ 5.000,00.

Comentário: Restos a Pagar Processados equivalem aos valores empenhados, liquidados, porém ainda não pagos.

Para se obter esse valor, no caso, é necessário obter a diferença entre Despesa Liquidada e Despesa Paga. Aqui será a diferença entre R$ 95.000,00 e R$ 90.000,00, igual a R$ 5.000,00.

e. (**F**) O valor a ser inscrito em Restos a Pagar Não Processados é de R$ 10.000,00.

Comentário: Restos a Pagar Não Processados é a diferença entre Despesa Empenhada e Despesa Liquidada. Nesse caso, temos resultado de R$ 100.000,00 menos R$ 95.000,00, igual a R$ 5.000,00.

3. Ao consolidar os balanços de um estado da nossa Federação, o contador responsável informou ao governador da existência de recursos que possibilitariam a abertura de Créditos Adicionais. Nesse caso, a qual demonstrativo estava fazendo referência o contador?

a. ( ) Balanço Orçamentário
b. ( ) Balanço Financeiro
c. (×) Balanço Patrimonial
d. ( ) Demonstração das Variações patrimoniais
e. ( ) Demonstração do Fluxo de Caixa

Comentário: Uma das fontes de recursos para atender a Créditos Adicionais, conforme expresso no parágrafo 2º do art. 43 da Lei n. 4.320/1964, é o Superávit Financeiro apurado em Balanço Patrimonial. Sendo assim, somente desse balanço é que poderia haver o alerta da oferta de novos recursos feita pelo contador responsável.

4. O valor resultante da diferença entre as Receitas arrecadadas e as Despesas empenhadas ao final do exercício poderá ser equivalente:

a. ( ) aos Restos a Pagar.
b. ( ) aos Restos a Empenhar.
c. ( ) ao Superávit Financeiro.
d. (×) ao Déficit Orçamentário.
e. ( ) ao resultado econômico.

Comentário: O cálculo de Déficit ou Superávit Orçamentário somente poderá ocorrer pela comparação entre Receitas arrecadas e Despesas Empenhadas, ambos valores realizados durante um exercício fiscal. Sendo assim, somente haverá déficit orçamentário, como no caso da alternativa, caso essa seja uma diferença negativa (receitas maiores que despesas).

5. Um demonstrativo antes inexistente foi adotado após a edição das normas brasileiras de contabilidade. A principal finalidade desse demonstrativo é possibilitar uma análise de fluxo de recursos de modo que o regime de competência não dificulte a análise. Qual é esse demonstrativo?
a. (×) Demonstração dos Fluxos de Caixa.
b. ( ) Demonstração das Mutações do Patrimônio Líquido.
c. ( ) Demonstração dos Restos a Pagar.
d. ( ) Demonstração do Lucro Líquido.
e. ( ) Balanço Financeiro.

Comentário: O regime de competência registra valores econômicos decorrentes de fato gerador. Nem sempre esses correspondem a movimentações financeiras. Com a adoção do regime de competência tanto para receitas quanto para despesas, um dos objetivos da adoção de novas normas de contabilidade, a Demonstração de Fluxo de Caixa se fará necessária, pois essa apresenta, de forma clara e evidente, as movimentações no caixa.

Para saber mais

Os *sites* dos diversos entes públicos (autarquias, fundações, União, estados, municípios, Distrito Federal, universidades, empresas públicas ou outros órgãos similares) devem sempre apresentar seus balanços e demonstrativos. A visita a esses *sites* é sempre ilustrativa e pode oferecer a você muitos exemplos interessantes, pois, apesar das padronizações exigidas, muitos revelam peculiaridades interessantes e mesmo inovadoras. Outra fonte é o Manual de Contabilidade Aplicado ao Setor Público, editado pela Secretaria do Tesouro Nacional. Ali estão determinados os novos demonstrativos (convém relembrarmos que muitos deles ainda não estão sendo elaborados, pois estamos ainda em um período de transição).

BRASIL. Ministério da Fazenda. Secretaria Tesouro Nacional. **Manual de Contabilidade Aplicada ao Setor Público:** Aplicado à União, aos Estados, ao Distrito Federal e aos Municípios. 6. ed. 2014. Disponível em: <http://www.tesouro.fazenda.gov.br/documents/10180/456785/CPU_MCASP+6%C2%AA%20edi%C3%A7%C3%A3o_Republ2/fa1ee713-2fd3-4f51-8182-a542ce123773>. Acesso em: 1 nov. 2015.

Perguntas & respostas

1. **Qual é a principal finalidade dos balanços e demonstrativos?**

Para muitos autores e analistas, a elaboração de demonstrativos e balanços decorre de exigências legais e de controles externos.

No entanto, todos esses instrumentos existem para apoiar a tomada de decisão e para que o patrimônio público seja permanentemente avaliado – portanto, protegido. O uso dos recursos financeiros, os efeitos patrimoniais da execução do orçamento, a possibilidade de análise de custos e muitas outras atividades decorrentes da administração financeira e orçamentária precisam ser contemplados de forma abrangente. Nesse sentido, o simples registro contábil de eventos não é suficiente para que seja possível perceber ao longo do tempo os efeitos de toda a ordem sobre o patrimônio público. Sem os balanços e demais demonstrativos, não é possível compreender o que está ocorrendo.

2. **O que significam os termos *circulante* e *não circulante*?**

Associado ao termo circulante *está o que se entende por* ciclo produtivo *ou* ciclo econômico*. Sendo assim, parte dos itens do patrimônio é mobilizada diretamente ao longo do ciclo de produção (matéria-prima, processo produtivo, estocagem e venda), enquanto outra parte é utilizada somente para a realização desse ciclo (imóveis, equipamentos, instalações etc.). No caso da Administração Pública, por ela ser uma prestadora de serviços, sua produção, em geral, é de bens intangíveis: não há matéria-prima, estocagem, processo de transformação, comercialização etc., ou seja, o que pertence ao denominado* circulante *é o que se insere no exercício. O* não circulante *equivale ao que pertence o longo prazo ou com referência a um prazo maior do que o exercício.*

Consultando a legislação

A Portaria n. 665, de 30 de novembro de 2010, está disponível em:

BRASIL. Ministério da Fazenda. Secretaria do Tesouro Nacional. Portaria n. 665, de 30 de novembro de 2010. **Diário Oficial da União**, Poder Executivo, Brasília, DF, 2 dez. 2010. Disponível em: <http://www3.tesouro.gov.br/legislacao/download/contabilidade/Port_665_2010.pdf>. Acesso em: 24 fev. 2016.

capítulo quatro

Controle interno e custos na Administração Pública

Conteúdos do capítulo:

- Controle e seu significado;
- Aspectos legais do controle;
- Normas específicas para o controle;
- Meios de implementação do controle interno;
- Custos: aspectos relevantes.

O controle interno na Administração Pública atualmente ocorre mais por exigências normativas, principalmente para atender ao controle externo e implica diversas consequências. Aqui, apresentaremos algumas considerações quanto ao controle, além de demonstrar seus meios e sua validade. Naturalmente, um dos meios associados ao controle interno se dá pelo levantamento de custos, pois estes evidenciam rotinas e fluxos de trabalho, além de associarem-se a valores. Ambos serão aqui trabalhos para que fique claro o modo como custos e controle interno são indissociáveis, com destaque para a importância de ambos.

4.1 *O controle na Administração Pública*

O controle interno na Administração Pública está previsto no art. 74 da Constituição de 1988 (Brasil, 1988). Há também o controle externo, exercido pelo Poder Legislativo, com o auxílio dos Tribunais de Contas e igualmente previsto na Lei Maior, em seu art. 71. Os controles interno e externo garantem a legalidade dos procedimentos relacionados ao ordenamento da despesa. Apresentam, portanto, um caráter mais formal, ou seja, baseiam-se em leis, decretos, apontamentos ou similares.

Há, ainda, o controle social, que, mesmo sem estar especificamente previsto na Carta Magna, a cada dia ganha mais importância e é exercido quando das audiências públicas, por meio de entidades, grupos políticos, imprensa, opinião pública e organizações não governamentais. Esse controle é mais amplo e avalia principalmente o mérito das ações do governo no uso dos recursos públicos. Há, portanto, dois meios de controlar: quanto à legalidade dos atos e quanto à sua relevância social.

Sob a ótica da contabilidade e em sua essência gerencial, ou seja, no que ela oferece para as decisões quanto ao uso dos recursos públicos, o controle circunscreve-se ao âmbito interno. O controle interno fundamenta-se em aspectos formais (legais), com vistas a promover a gestão orçamentária para preservar o uso do patrimônio público. As informações geradas pela contabilidade, além do mais, são as que possibilitam a associação entre controle e planejamento, pois fornecem informações essenciais para as decisões que atendem às metas e que garantem os programas. A associação entre controlar e planejar significa acompanhamento permanente da execução do Plano Plurianual (PPA), da Lei de Diretrizes Orçamentárias (LDO), da Lei Orçamentária Anual (LOA), e também do que está determinado nos Anexos de Metas Fiscais. Em outras palavras, tanto o comportamento das receitas quanto o das despesas empenhadas deverão ser orientados orçamentária, financeira e patrimonialmente.

O acompanhamento da execução dos orçamentos públicos ainda é, porém, uma prática pouco desenvolvida em suas potencialidades, principalmente no âmbito de estados e municípios. Dentro dessa limitação, o princípio da legalidade (que exige a elaboração de planos, metas e programas) norteia a prática de controle. A garantia de um controle associado ao planejamento fica, portanto, reservada ao cumprimento legal. Um controle feito somente em seu aspecto formal, porém, é insuficiente para abranger os interesses sociais, visto que eles são mais amplos, pois envolvem o desenvolvimento econômico e todas as implicações que o determinam. É necessário ressaltar, assim, que o controle formal e o controle social são **obrigatoriamente** complementares. Sem a realização de um não há como atender o outro.

É importante se ter clareza de que a mera garantia da execução orçamentária (ou seja, observar o que está determinado no orçamento público) é insuficiente, pois *controle* pressupõe **planejamento**. É necessário, portanto, prever a possibilidade de corrigir ou alterar programas e atividades em tempo hábil, pois o que foi planejado se orienta por indicadores e dados dos mais diversos, os quais refletem uma dinâmica de realidade social. Dessa forma, além da LOA, também o PPA e a LDO devem, em seu conjunto, ser observados e atendidos.

Eis a verdadeira função do controle: coordenar a legalidade e a efetividade* na ação pública. Para que o controle possa colaborar na Administração Pública, que atua em busca de resultados efetivos, com ganhos sociais evidentes, os meios precisam ser adequados. A execução do que foi planejado, evitando alterações indevidas de rumo ou, ao contrário, promovendo as necessárias modificações, atende à necessidade de agir em sintonia com demandas sociais, restrições de recursos e prazos exíguos.

Portanto, a contribuição da contabilidade para o controle, ou para a capacidade de alteração de rumos e ações, significa garantir informações fidedignas e consistentes em tempo hábil. A contabilidade não é somente o registro dos impactos no patrimônio, mas é também um meio consistente para a divulgação de informações que retroalimentam constantemente a administração e a sociedade.

4.2 *Aspectos legais do controle interno*

O controle interno recebe atualmente uma ênfase principalmente legal. Esse tipo de controle, contudo, pode (e deve) também ser utilizado como ferramenta de gestão. O controle interno reúne as informações para o controle externo e também atende a controladorias e a auditorias internas, entendidas como meios para o uso eficiente de recursos públicos e de eficácia nas metas do PPA. A principal ênfase hoje consiste na reunião de informações para o **controle**

* * *

* Por *efetividade* entendemos a realização de ações públicas que promovam modificações na situação social com ganhos sensíveis. Exemplo: um programa educacional erradicou o analfabetismo em uma região. A situação anterior era adversa; após a ação pública, revelou-se efetivamente melhor. A efetividade das ações públicas deve ser sempre um orientador daquilo que foi planejado. Somente metas, valores e outros indicadores são insuficientes para a percepção de ganhos sociais sensíveis derivados da ação pública.

externo, ou seja, garantir que a execução de receitas e despesas ocorra em conformidade com a legislação vigente. É claro que a legalidade dos atos deve sempre ser respeitada severamente, porém isso não é suficiente para a avaliação do uso social dos recursos públicos.

As principais referências legais sobre controle interno são a Constituição Federal, a Lei n. 4.320, de 17 de março de 1964 (Brasil, 1964), a Lei Complementar n. 101, de 4 de maio de 2000 (Brasil, 2000b), conhecida como *Lei da Responsabilidade Fiscal* (LRF), e a Norma Brasileira de Contabilidade Aplicada ao Setor Público NBC T 16.8, aprovada pela Resolução: CFC n. 1.135, de 21 de novembro de 2008 (Brasil, 2008f). Vamos, a seguir, discorrer sobre cada uma delas no que se refere ao controle.

Lei n. 4.320/1964

A Lei n. 4.320/1964 é conhecida como *Lei de Administração Financeira*. Foi editada há um bom tempo e há propostas para alterá-la. Contudo, em razão de sua simplicidade e validade, ela ainda continua vigente. Quanto ao controle interno, a referência que a Lei n. 4.320/1964 apresenta consta, entre outros, do art. 75:

> Art. 75. O controle da execução orçamentária compreenderá:
>
> I – a legalidade dos atos de que resultem a arrecadação da receita ou a realização da despesa, o nascimento ou a extinção de direitos e obrigações;
>
> II – a fidelidade funcional dos agentes da administração, responsáveis por bens e valores públicos;
>
> III – o cumprimento do programa de trabalho expresso em termos monetários e em termos de realização de obras e prestação de serviços. (Brasil, 1964)

No art. 75, o termo *controle interno* é explicitado, em conjunção com os objetivos a ele relacionados. Quanto à legalidade dos atos e à fidelidade funcional dos agentes (presentes nos incisos I e II), o controle interno visa verificar a legalidade dos atos internos. Quanto ao inciso III, relativo ao cumprimento de programas de trabalho (obras e ações), fica-se restrito ao que deve estar expresso em termos monetários, ou seja, se os limites de dotações orçamentárias da LOA estão sendo respeitados. Sendo assim, cabe ao ordenador da despesa* permiti-las até o limite das dotações consignadas na LOA.

Quanto à possibilidade de atender às necessidades sociais previstas nos projetos em execução, o art. 75 não apresenta orientações claras e objetivas. Como exemplo dos efeitos dessa lacuna legal, podemos citar a possibilidade de execução de obras suntuosas em função de interesses pessoais de governantes, ainda que de pouco ou nenhum interesse social. Seria importante realizar um controle interno em função tanto da legalidade quanto das demandas sociais e dos reais impactos pertinentes à melhoria da qualidade de vida dos membros da sociedade. Como esse tipo de controle sobre os resultados ainda apresenta pouca objetividade, os controles que a Administração Pública realiza ainda estão circunscritos à legalidade.

Constituição Federal

De forma mais ampla, os controles encontram na Constituição Federal seu amparo. Eles estão expressos no art. 74:

> Art. 74. Os Poderes Legislativo, Executivo e Judiciário manterão, de forma integrada, sistema de controle interno com a finalidade de:

◆ ◆ ◆

* O termo *ordenador da despesa* está previsto no parágrafo 1º do art. 80 do Decreto-Lei n. 200, de 25 de fevereiro de 1967 (Brasil, 1967). Esse instrumento legal determina que: "Ordenador de despesa é toda e qualquer autoridade de cujos atos resultarem emissão de empenho, autorização de pagamento, suprimento ou dispêndio".

> I – avaliar o cumprimento das metas previstas no plano plurianual, a execução dos programas de governo e dos orçamentos da União;
>
> II – comprovar a legalidade e avaliar os resultados, quanto à eficácia e eficiência, da gestão orçamentária, financeira e patrimonial nos órgãos e entidades da administração federal, bem como da aplicação de recursos públicos por entidades de direito privado;
>
> III – exercer o controle das operações de crédito, avais e garantias, bem como dos direitos e haveres da União;
>
> IV – apoiar o controle externo no exercício de sua missão institucional.
>
> § 1º Os responsáveis pelo controle interno, ao tomarem conhecimento de qualquer irregularidade ou ilegalidade, dela darão ciência ao Tribunal de Contas da União, sob pena de responsabilidade solidária.
>
> § 2º Qualquer cidadão, partido político, associação ou sindicato é parte legítima para, na forma da lei, denunciar irregularidades ou ilegalidades perante o Tribunal de Contas da União. (Brasil, 1988)

Novamente a legislação enfatiza a legalidade, ou seja, o cumprimento fiel do que está determinado em lei. Contudo, o inciso II menciona a necessidade de **avaliar resultados**. Isso possibilita ampliar a verificação do valor ou da oportunidade de ações empreendidas – se há impacto de forma benéfica e abrangente e em conformidade com os interesses sociais. Porém, nesse mesmo inciso, ao restringir a avaliação nos aspectos *eficiência* e *eficácia*, ainda falta o amparo legal para a verificação da efetividade (impacto social benéfico) das ações realizadas.

A questão está no fato de que, sob uma ótica social, não seria suficiente a realização fiel dos programas de trabalho, expressos em unidades monetárias, mas sobretudo uma análise criteriosa e objetiva de como esse programa repercutiu ao solucionar, ou não, problemas e situações sociais adversas. Como exemplo desse tipo de situação, podemos fazer a verificação dos atendimentos para dependentes de drogas: um número bem elevado de atendimentos ocorre todo ano, com o uso eficiente de recursos públicos, pois os valores mobilizados ficaram dentro das dotações determinadas. Todavia, esses atendimentos resultaram em pouca diminuição no número de usuários de drogas. Falta, nessa situação, o controle dos impactos obtidos. Essa lacuna deve-se ao fato de que não estão ainda legalmente determinados os meios para promover uma verdadeira avaliação de resultados, a qual deveria ir além da eficiência no uso de recursos públicos e da eficácia no atingimento de metas previstas no texto constitucional. Ela deveria também promover a avaliação da efetividade das ações que os programas de trabalho visam atingir.

Lei Complementar n. 101/2000

A LRF resultou de esforços políticos para promover um equilíbrio entre receitas e despesas públicas – o equilíbrio fiscal (Brasil, 2000b). O período que antecedeu a LRF foi de enfrentamento da inflação, de privatizações de grandes empresas públicas e de criação de agências reguladoras. Todas essas medidas exigiam uma gestão fiscal responsável, conforme o expresso no art. 1º da LRF. Essa gestão responsável visa manter sob o mais rigoroso controle os principais itens da despesa pública, que são: folha de pagamento, endividamento e seguridade social. Sob essa ótica, a LRF foi um sucesso, pois determinou parâmetros seguros e meios de controle viáveis para tal finalidade. A criação do Anexo de Metas Fiscais, previsto no parágrafo 1º, art. 4º da LRF, entre outras medidas, acarretou inovações para um maior controle do fluxo de caixa do Estado.

Um dos meios de controle mais importantes, em especial para as municipalidades, são as audiências públicas de prestação de contas, que a LRF determina no parágrafo 4º do art. 9º e no parágrafo único do art. 48. Audiências ocorrem também em diversas outras situações, tanto as promovidas pelo Legislativo quanto as realizadas por iniciativa do Executivo e do Judiciário. As audiências previstas na LRF visam garantir a publicidade dos atos relativos ao uso de recursos financeiros públicos e, consequentemente, ao efetivo controle social sobre as finanças públicas.

Basicamente, as medidas introduzidas pela LRF permitem que receitas e despesas sejam confrontadas, ainda que elas estejam em regimes contábeis diferenciados*. As despesas públicas são contabilizadas no momento de seu empenho. As receitas, por sua vez, somente quando entram nos cofres públicos. A LRF possibilitou controles financeiros e patrimoniais durante o exercício ao criar limites para as despesas de pessoal, em função da Receita Corrente Líquida (RCL), e ao determinar metas fiscais para o resultado nominal e primário, limites de valores empenhados e dos Restos a Pagar e que todos eles fossem acompanhados a cada bimestre. Além desse acompanhamento, a LRF também determinou medidas de correção caso as metas fiscais viessem a ser comprometidas, ou seja, se não indicassem que seriam respeitadas.

Toda essa nova sistemática está prevista na Seção II da LRF – "Da Lei de Diretrizes Orçamentárias": o Anexo de Metas Fiscais, a renúncia de receitas, a avaliação atuarial, os passivos contingentes e qualquer risco fiscal devem ser previamente anunciados e é preciso determinar, com a devida clareza, os reflexos no PPA, na LDO e na LOA.

✦ ✦ ✦

* O art. 35 da Lei 4.320/1964 determina que pertencem ao exercício financeiro as receitas nele arrecadas e as despesas nele empenhadas. Isso significa que as despesas são contabilizadas pelo seu fato gerador, pois somente após a regular liquidação (art. 62 e 63 da Lei 4.320/1964) é que serão pagas. Como existem prazos entre o ato de empenhar e o de pagar, na maioria das situações o valor empenhado não corresponde ao valor desembolsado, embora ao final do exercício ele seja contabilizado como despesa. Sendo assim, enquanto as receitas somente são reconhecidas quando do seu ingresso (encaixe), o mesmo não ocorre com as despesas, pois elas são contabilizadas antes da saída (desencaixe).

NBC T 16.8

O objetivo maior das normas brasileiras de contabilidade pública é compatibilizar normas contábeis com padrões internacionais, principalmente com relação à apresentação de demonstrativos contábeis. Para atender a essa padronização internacional, as novas normas possibilitam, sobretudo, inserir práticas antes não realizadas. Nessa perspectiva, com relação ao controle interno, a NBC T 16.8 determina que ele é:

> o conjunto de recursos, métodos, procedimentos e processos adotados pela entidade do setor público, com a finalidade de:
>
> a) salvaguardar os ativos e assegurar a veracidade dos componentes patrimoniais;
>
> b) dar conformidade ao registro contábil em relação ao ato correspondente;
>
> c) propiciar a obtenção de informação oportuna e adequada;
>
> d) estimular adesão às normas e às diretrizes fixadas;
>
> e) contribuir para a promoção da eficiência operacional da entidade;
>
> f) auxiliar na prevenção de práticas ineficientes e antieconômicas, erros, fraudes, malversação, abusos, desvios e outras inadequações. (Brasil, 2008f)

Diferentemente dos outros instrumentos legais relacionados ao controle interno que objetivam a verificação legal, a NBC T 16.8 propõe controles mais amplos. Além da fidedignidade das informações, elemento crucial para qualquer tipo de controle, a referida norma visa preservar o patrimônio e dar apoio à gestão. Essa é uma importante normatização, pois abre espaço para fazer do controle interno um meio para a ocorrência de uma gestão, ou seja, um processo de tomada de decisão voltado ao atendimento de propósitos, intenções ou objetivos. O que se pode perceber é uma diferença de concepção quanto à finalidade do controle interno. Hoje ele é mais voltado para atender ao controle externo, ou seja, sistematiza informações para que o controle externo disponha das informações necessárias. Na concepção da NBC T 16.8, é nítida a diferença de objetivo, pois ele é mais voltado para a tomada de decisão interna. Isso, naturalmente, não significa a perda da condição de informar ao controle externo, mas tão somente atribui uma nova finalidade ao controle interno.

Objetivos do controle interno

A legislação atual relativa ao controle interno apresenta, em seus objetivos, o auxílio que ele fornece ao controle externo. Muitas vezes, porém, a dificuldade de implantação de um sistema de controle interno decorre dessa condição auxiliar. O papel do controle externo, sabidamente, é o de fiscalizar. Contudo, caso o objetivo do controle interno seja reduzido a auxiliar o controle externo, ele também terá um caráter meramente fiscalizador. Essa condição menor gera resistências de aceitação.

O que o controle interno oferece é a possibilidade de integração dos subsistemas* administrativos por meio da correção de eventuais desvios administrativos, orçamentários ou financeiros. A lógica que deve sempre mover o controle interno é a de contribuir para a interação de subsistemas internos.

Os subsistemas de compras, orçamento e planejamento, saúde, educação, tributação e assim por diante são partes integrantes que devem fornecer informações para o objetivo geral da organização

* Por *subsistemas* entendemos aqueles sistemas que atuam em áreas específicas, meio ou fim, que compõem o todo da organização. Exemplo: subsistema de saúde, educação, transportes, recursos humanos, finanças, patrimônio, compras etc.

pública (União, estados, municípios, autarquias, fundações etc.). Observa-se, porém, que esses subsistemas precisam de retornos (*feedbacks*) para a melhora contínua de suas ações. Portanto, a interação de informações por meio do sistema de controle interno é estratégica. O que o sistema de controle interno possibilita é uma visão sistêmica*, e não a obrigação vinculada ao caráter exclusivamente legalista do controle externo. O que o controle interno possibilitará, caso bem implementado, é um equilíbrio entre economia no uso de recursos, atingimento de metas propostas e repercussões sociais positivas.

Categorias do controle interno

De acordo com a NBC T 16.8, o controle interno é um suporte para o sistema de informação. Esse sistema visa também contribuir para o alcance dos objetivos da entidade do setor público. Dessa forma, a norma sugere a finalidade de o controle interno contribuir para uma maior efetividade na consecução de programas e projetos.

Depreendemos, da leitura da NBC T 16.8, que o controle interno busca salvaguardar ativos, dar consistência e fidedignidade às informações contábeis, minimizar os riscos de que essas informações sejam falhas, entre outros aspectos. A visão restrita, normativa e formalista ainda está presente nas novas normas de contabilidade. Mesmo que o controle interno venha a ser exercido em todos os níveis da entidade (estratégico, tático e operacional), não serão esses os **responsáveis** pela realização desses controles, pois esses níveis serão **objeto** dos controles. A NBC T 16.8 determina as seguintes categorias de controle (Brasil, 2008f):

a. operacional – relacionado às ações que propiciam o alcance dos objetivos da entidade;

* Peter Senge oferece uma compreensão bem elaborada do que seria uma visão sistêmica. Para saber mais, procure: *A quinta disciplina arte e prática da organização que aprende*. Rio de Janeiro: Best Seller, 2010.

b. contábil – relacionado à veracidade e à fidedignidade dos registros e das demonstrações contábeis;
c. normativo – relacionado à observância da regulamentação pertinente.

Percebe-se a intenção de promover um controle interno operacional dirigido à consecução de objetivos da entidade. Esses objetivos, quando expressos em função de impactos qualitativos, aproximam-se da busca por maior efetividade nas ações públicas. A partir dessa abordagem, controles internos seriam instrumentos na busca de ações em prol da melhoria de qualidade de vida das diversas coletividades que a ação estatal promove. Esse tipo de controle de efetividade está relacionado ao acompanhamento das metas e resultados esperados e projetados no PPA.

A avaliação dos resultados dos programas de governo durante sua execução, prevista na classificação da categoria operacional (alínea "a"), permite determinar, em última instância, se os objetivos propostos no PPA serão alcançados. A NBC T 16.8 possibilita, assim, a realização de um controle mais amplo, não somente formalista. Atribui, portanto, maior mérito às atividades internas de controle. A norma, porém, não explicita claramente como proceder para promover um controle interno de maior amplitude, para além do formalista. Cabe, portanto, aos servidores públicos introduzir novas práticas de controle interno para enfrentar e modificar procedimentos já enraizados e notoriamente restritos, de verificação apenas formal.

O controle classificado na categoria contábil (alínea "b") está relacionado à veracidade e fidedignidade dos registros das informações contábeis, com o objetivo de dar transparência e consistência para as demonstrações contábeis. Talvez esse seja o tipo de controle que mais venha a se desenvolver e a se perpetuar, pois ele irá gerar as demonstrações contábeis previstas na LRF. Os relatórios de demonstrativos previstos na LRF exigem que as informações sejam fidedignas e consistentes. Esses documentos são importantes inovações possibilitadas pela referida lei, que já se integraram à prática de prestação de contas por meio de audiências públicas. Erros, equívocos ou inconsistências nesses documentos legais causariam aos responsáveis problemas imediatos junto a coletividades, ONGs, entidades, partidos e outros que acompanham com regularidade as finanças públicas.

A terceira categoria, classificada na categoria *normativo* (alínea "c"), como o termo já induz, é voltada para a regulamentação das rotinas relacionadas a algum tipo de atividade da administração. Essa regulamentação pode estar em manuais ou em instruções normativas que disciplinem as rotinas de determinadas áreas ou processos. Essas rotinas serão, posteriormente, objeto de auditoria, sob responsabilidade da controladoria. É necessário normatizar as auditorias com vistas a garantir procedimentos que colaborem para a promoção de serviços melhores e mais eficientes. O tema da elaboração de normas internas de controle será abordado detalhadamente quando tratarmos da implantação do sistema de controle interno.

Órgão, sistema e responsável pelo controle interno

O sistema de controle interno possibilita agrupar todo o conjunto de informações geradas pelos subsistemas a partir de uma unidade responsável por desenvolver as atividades de controle interno. Essa unidade é de um órgão específico nomeado de forma legal para esse fim, uma vez que, para que as atividades sejam desenvolvidas com eficiência, é necessário que o profissional ou equipe responsável pelo controle interno tenha autonomia, além da devida autoridade para acessar as áreas e os documentos que precisarem de verificação.

Outro fator crucial para o responsável do controle interno é o tempo disponível para desenvolver suas atividades de orientação e fiscalização. Não pode ser um indivíduo que assuma apenas eventualmente as ações e rotinas de controle interno. É obrigatório que essa atividade seja exclusiva e diária. Ademais, alguns Tribunais de

Contas recomendam que o controle interno seja feito somente por servidores do quadro efetivo. Tal recomendação visa garantir continuidade na sistemática de avaliação. A qualificação constante desse profissional, naturalmente, é outro fator que também irá contribuir para o bom andamento do sistema.

Não há um consenso sobre qual seria o perfil profissional mais adequado para quem vai assumir a responsabilidade do controle interno, mas sabemos que boa parte das avaliações vão requerer conhecimentos mais do que contábeis e jurídicos. Além de requisitos profissionais, os pessoais também deverão ser contemplados, pois é fundamental um bom relacionamento com os servidores partícipes do processo. É importante destacar que o processo de controle interno não se reduz a impor atos normativos e condutas legais. Trata-se de conduzir adequadamente o processo para que as orientações e avaliações ocorram conjuntamente de forma colaborativa. Não se deve, em última instância, fazer do controle interno um processo de subjugação, mas sim um processo cooperativo de desenvolvimento da organização como um todo.

Implementação do controle interno

O controle interno é algo benéfico, pois permite a coordenação das atividades de uma forma mais integrada, além de fazer parte dos processos normais de qualquer organização. A implementação do controle interno, assim como ocorre com qualquer outra inovação, requer planejamento e suporte material para que o responsável e seus colaboradores possam iniciar o novo trabalho. A implementação deve ter início com a nomeação legal de um responsável e com a definição de regras claras para a atuação do órgão de controle. Em seguida, é preciso desenvolver um cronograma de trabalho para obter uma visão de todas as ações que serão objeto de controle. Esse cronograma também irá determinar detalhadamente como as ações de controle interno vão ocorrer.

O planejamento deverá abordar os seguintes aspectos:

a. **Levantamento das unidades administrativas a serem controladas** – inicialmente, é preciso mapear quais unidades e setores administrativos deverão ser prioritariamente controlados* e quem será o responsável para atender ao controlador interno.
b. **Criação de normas e procedimentos** – o órgão de controle deve realizar uma descrição das rotinas a serem adotadas para realizar os controles, por meio de fluxogramas, para criar um regulamento sobre o que será controlado. As normas expressas nesse regulamento oferecerão informações detalhadas sobre como devem ser os procedimentos de controle e qual legislação atender, além de indicarem os responsáveis e outras decisões necessárias. É fundamental que as regras e procedimentos sejam claros e amplamente divulgados, para que todos os subsistemas atuem em conformidade com o que se espera deles. Também serão definidas a frequência dos levantamentos e o grau de atenção que será dado ao setor a ser controlado. É importante realçar: controlar não significa impor e restringir, mas orientar e promover.
c. **Definição dos subsistemas a serem controlados** – os subsistemas são as áreas sobre as quais o sistema de controle interno irá atuar. Eles envolvem órgãos, repartições, departamentos, secretarias e unidades administrativas as mais diversificadas. O importante é ter como premissa que não existem subsistemas predefinidos, pois cada entidade pública irá determinar quais serão esses subsistemas e a sua amplitude. A definição desses subsistemas servirá de critério para que o vier a ser controlado.

* * *

* Toda a organização é objeto de auditorias internas, ou seja, de controle interno. Contudo, essas ações não devem ocorrer sobre todas as seções, departamentos etc. É preciso escolher setores-chave em que o fluxo de trabalho seja mais intenso e em que as informações fluam de forma mais abrangente para executar um controle interno.

Após o levantamento inicial descrito, o órgão de controle interno deverá elaborar uma lista do que será realizado pelos responsáveis do controle interno em cada unidade. Nessa lista, devem constar a identificação do subsistema a ser controlado, datas e agendamentos, responsáveis etc. Devem ser reunidas todas as informações pertinentes para que a própria ação de controlar seja ela também controlável, ou seja, facilmente verificada no que se refere a prazos e determinantes legais necessários. Tal sistematização visa garantir uma operacionalidade do controle interno. É necessário observar, por último, que o próprio órgão de controle interno também é componente do sistema de controle e, portanto, deve se submeter à avaliação e à auditoria.

Relatório de controle interno

O produto das ações do controle interno são os relatórios que indicam a situação em que se encontram seções, órgãos, áreas ou departamentos. Em relatórios dessa natureza, constam propostas de alteração de procedimentos ou de correções de atos praticados. As informações desses documentos também subsidiam inovações, pois contêm muitos dados detalhados. Os relatórios de controle interno são úteis, inclusive, para a melhoria dos próprios métodos de avaliação e controle. Os relatórios podem indicar, portanto, o que não está sendo corriqueiramente informado ou o que não pertence às rotinas previstas. Isso possibilita reflexões e considerações, com vistas a promover correções e inovações. Os relatórios são, em suma, meios técnicos para atender à legislação e para a melhoria do desempenho geral da organização.

O responsável pelo controle interno, porém, não decide sobre as ações da organização. Sua função é fornecer informações para que outras instâncias ou responsáveis (gerências, diretorias, conselhos, órgãos, secretarias, ministérios, tribunais de contas etc.) atuem em conformidade com as necessidades apontadas.

Quanto às técnicas para obter informações com a finalidade de elaborar os relatórios de controle interno, cabe citar os Tribunais de Contas (da União, dos estados e dos municípios), que oferecem cursos, apostilas, palestras e *sites* na internet para a divulgação de técnicas, que podem ser sintetizadas em três meios de obtenção de informação: a observação direta, o exame de documentos e as entrevistas. Cada um deles tem seu próprio significado e relevância e devem ser utilizados em conjunto.

A observação direta requer a presença física no local a ser controlado. Ela deverá acontecer durante tempo suficiente para que as práticas sejam observadas e para que os bens sejam levantados (materiais, equipamentos, estoques etc.). Para que tudo ocorra bem, é recomendável a concordância prévia daqueles que serão observados*, mesmo que a legislação permita a presença do controlador no ambiente de trabalho. A aceitação de todos possibilita que os procedimentos de controle interno sejam permanentes, pois a presença do controlador precisa ser entendida como corriqueira, necessária e positiva. Caso contrário, a observação direta poderá revestir-se de intromissão indesejada, o que irá dificultar a obtenção de resultados. Isso porque as pessoas observadas poderão realizar suas atividades de forma a dissimular suas práticas ou a esconder dados, o que resultaria em observações falhas. Quando ocorre a observação direta de maneira rotineira, os observados tendem a agir com maior naturalidade. O que está em questão é o caráter pedagógico do controle interno, para que suas ações atendam às necessidades de todos em um processo coletivo de compreensão e aprimoramento da realidade de trabalho.

O exame de documentos (livros de registro, saldos bancários, extratos, notas de empenho, documentos comprobatórios, notas fiscais, entre outros) exige local adequado e isolamento, para que não

* * *

* Se a presença de controladores for explicitamente indesejada, há um forte indício de que há algo a esconder.

ocorram interferências de qualquer ordem. É um trabalho minucioso e rigoroso e que se reveste do controle da legalidade, a partir do qual o controlador deverá atuar de forma condizente com a sua responsabilidade para com o erário público. Nesse momento, além dos documentos comprobatórios do processo de ordenamento da despesa, há também relatórios, notas técnicas, enfim, documentos de outra ordem, que podem ser utilizados para ampliar a atividade do controlador. Em documentos dessa natureza, o mérito e o resultado obtido no uso de recursos públicos poderão ser evidenciados, possibilitando assim ampliar a atuação e o enfoque do controle interno. A recomendação que aqui se faz é não se restringir somente à legalidade do uso dos recursos públicos, mas incluir nessa ação de controle a verificação da oportunidade e do mérito no uso desses recursos.

As entrevistas, assim como a observação direta, exigem aceitação mútua. Entrevistador e entrevistado precisam entender-se, dialogar. Mais do que responder a perguntas, a entrevista é um momento de aproximação e de troca de informação. O entrevistado revela dados e informações e o entrevistador percebe novas oportunidades para melhor compreender o que está sendo realizado. É um momento de diálogo em que as respostas indicam a necessidade de novas perguntas e em que o entrevistado percebe suas próprias certezas e contradições. Entrevistas são realizadas a partir de questionários fechados, questionários abertos, estruturados ou semiestruturados. A escolha por um meio ou outro depende do número de entrevistados, da necessidade que motiva a entrevista, do que se pretende auditar e dos prazos associados. O responsável pelo controle interno deve ter em mente que a entrevista aproxima, é útil e deve ser aplicada de forma a oferecer informações de fato fidedignas e pertinentes. Outro elemento a ser observado é que as entrevistas precisam ser realizadas com diferentes servidores, os quais devem apresentar níveis de responsabilidade diferenciados. Normalmente, as entrevistas são realizadas com cargos de gerência, mas isso não impede que servidores operacionais também sejam incluídos.

4.3 *Avaliação de resultados e Plano Plurianual*

Entre as 11 normas brasileiras de contabilidade aplicadas ao setor público (NBC Ts), há uma específica para o planejamento governamental. Trata-se da **NBC T 16.3 – Planejamento e seus Instrumentos sob o Enfoque Contábil**. Essa norma destaca a importância da interligação hierárquica entre o PPA, a LDO e LOA e propõe a avaliação do desempenho das ações de governo, considerando, entre outros fatores, a efetividade de programas e ações. Sendo assim, embora abrangente, ela indica meios importantes com vistas a propor uma coordenação das ações do Estado, inclusive sob controle social. Esses dois elementos, coordenação e controle social, são fundamentais para a promoção de programas e projetos em sintonia com reais demandas coletivas. A NBC T 16.3 também indica que a contabilidade aplicada ao setor público deve evidenciar as diferenças relevantes por meio de notas explicativas. Tal prática permitirá, gradativamente, avaliações qualitativas quanto ao uso de recursos públicos. Sem dúvida nenhuma, trata-se de um grande avanço no processo de avaliação e planejamento.

Ao tratar a questão contábil do planejamento – por meio da evidenciação de valores que a contabilidade propicia –, a norma reforça a questão da avaliação dos resultados no setor público (pela avaliação da eficácia ou da eficiência), indicando o PPA como ponto de partida para essas análises. O controle de custos pertencente a essa avaliação possibilita mensurar adequadamente informações do PPA, por meio de ferramentas de análise de resultados, que é o caso da gestão de custos. O controle de custos no setor público é ainda incipiente e será tratado mais adiante.

É necessário perceber que a avaliação é mais ampla do que somente comparar metas. A avaliação está relacionada com a *performance* das ações realizadas, ou seja, com a dinâmica do processo. Sendo assim, exige análises de variáveis relativas à eficiência, à eficácia e à efetividade. Esses indicadores passam pela relação custo-benefício, alcance ou não de objetivos e, sobretudo, pelos impactos nos beneficiários dos programas de governo. O Manual de Auditoria Operacional do Tribunal de Contas da União (TCU, 2010) nos mostra com clareza essa relação por meio do Diagrama de Insumo Produto, reproduzido na Figura 4.1.

Figura 4.1 – Dimensões de análise e a matriz de insumo produto

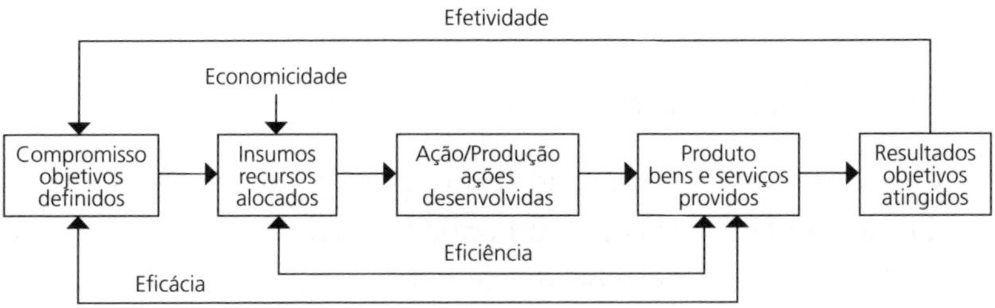

Fonte: TCU, 2010, p. 11.

Para avaliar adequadamente o desempenho dos programas de governo, por meio das várias dimensões acima apresentadas, é preciso mensurar com consistência cada um desses programas realizados para, em um segundo momento, proceder à análise do desempenho. O que ocorre é que nas peças de planejamento do setor público, em especial no PPA, as duas formas de subsidiar essa análise são os indicadores dos programas e as metas físicas, ambas expressas em unidades físicas de medida. Naturalmente, esses dois elementos são insuficientes, pois estão fundamentados apenas em quantidades físicas. Ocorre que alguns programas podem não ser plenamente avaliados quanto a unidades físicas, visto que apresentam modificações qualitativas, alterações na situação analisada etc. Dessa forma, baseando-se somente em medições físicas, as apreciações qualitativas, principalmente quanto à efetividade das ações realizadas, ficam tolhidas.

A realidade é que, na elaboração do PPA, com exceção da União e de alguns estados, ainda não se dá a importância necessária à qualidade nas avaliações, o que faz com que a avaliação de desempenho seja ainda restrita. As unidades de medida, muitas vezes genéricas e sem relação direta com os objetivos definidos, oferecem somente medições ou comparações entre período inicial e período final do programa ou projeto em pauta. Dessa forma, as avaliações ficam restritas a meras constatações e nada mais. O que as novas normas de contabilidade possibilitam é a realização de avaliações com base qualitativa. Por esse caminho é possível de fato fazer valer o planejamento governamental.

NBC T 16.11: custos no setor público

O ano de 2014 foi o prazo-limite para a adequação do setor público às mudanças da contabilidade brasileira. A publicação das NBC Ts trouxe novos procedimentos, os quais são equivalentes ao padrão internacional de contabilidade. Isso significa um tratamento de enfoque mais patrimonial à contabilidade. As normas foram publicadas pelo Conselho Federal de Contabilidade (CFC), com apoio da Secretaria do Tesouro Nacional (STN), por meio da publicação do Manual de Contabilidade Aplicada ao Setor Público (MCASP). As principais mudanças são o reconhecimento das receitas por competência (contrariando o regime contábil misto anteriormente adotado), o novo modelo do plano de contas (o PCASP), a introdução de procedimentos contábeis patrimoniais de reavaliação e depreciação do Ativo Imobilizado e mudanças quanto ao controle de custos, até então inexistente.

Para compreender a amplitude dessas inovações, é necessário antes conhecer a proposta de reestruturação dos sistemas contábeis. Anteriormente, os sistemas contábeis eram os seguintes:

1. Sistema Orçamentário
2. Sistema Financeiro
3. Sistema Patrimonial
4. Sistema Compensado

Com a publicação da NBC T 16.2, aprovada peça Resolução CFC n. 1.129, de 21 de novembro de 2008 (Brasil, 2008b), intitulada "Patrimônio e Sistemas Contábeis", houve a necessidade de apresentar uma nova estrutura a esses sistemas. A primeira modificação foi a introdução da nomenclatura *subsistemas*. A intenção foi incluir a condição de sistemas que se integram, portanto, inserir a condição de subsistema, o que implica um conjunto de ações que irão interagir com outras e assim sucessivamente. A condição de sistema pode induzir à ideia de sistema fechado, sem integrações complementares. Um *subsistema*, como o termo já diz, pertence a outros mais, formando ao final um sistema amplo e integrado. Nessa abordagem de integração, a apuração de custos passou a pertencer a outras atividades, ainda que sem deixar de considerar que essa apuração de custos exige por si mesma ações específicas.

Com base na NBC T 16.2, os antigos sistemas contábeis passaram a ser estruturados nos seguintes subsistemas:

> (a) **Orçamentário** – registra, processa e evidencia os atos e os fatos relacionados ao planejamento e à execução orçamentária;
>
> (b) (Excluída pela Resolução CFC nº 1.437/13)
>
> (c) **Patrimonial** – registra, processa e evidencia os fatos não financeiros relacionados com as variações qualitativas e quantitativas do patrimônio público;
>
> (d) **Custos** – registra, processa e evidencia os custos dos bens e serviços, produzidos e ofertados à sociedade pela entidade pública, consoante a NBC T 16.11;
>
> (e) **Compensação** – registra, processa e evidencia os atos de gestão cujos efeitos possam produzir modificações no patrimônio da entidade do setor público, bem como aqueles com funções específicas de controle. (CFC, 2008b, grifo do original)

Em razão da NBC T 16.2, houve a criação, entre outros, de um Subsistema de Informação de Custos do Setor Público (SICSP), aprovado pela NBC T 16.11, Resolução n. 1.366, de 25 de novembro de 2011 (CFC, 2011a), com vistas à contabilização dos custos dos bens e serviços que venham a afetar o patrimônio da entidade. A contabilização dos custos requer, naturalmente, a apuração de custos. Não há, no entanto, um desdobramento no PCASP, de iniciativa da STN, para atender a esse desdobramento. Em outras palavras, embora reconhecida a necessidade de contabilizar custos, as contas que possam permitir essa contabilização não estão presentes no PCASP.

Definições relativas aos custos

Na NBC T 16.11, muitos elementos pertinentes ao levantamento de custos no setor público são evidenciados. Talvez a NBC T 16.11 seja uma das regulamentações mais extensas e minuciosas. Dessa forma, fica evidenciada a preocupação com uma informação gerencial das mais relevantes para o setor público, e que há longa data não é plenamente regulamentada – daí a pequena ocorrência de casos e exemplos aplicáveis ao setor público em sua administração direta.

Vamos aqui destacar alguns dos elementos para a compreensão dos custos no setor público. Primeiramente, é importante observar o que são **custos**, ou seja, o que eles apresentam de diferente com relação aos levantamentos contábeis usuais. A norma nos indica, em suas definições, que "*custos* são gastos com bens e serviços utilizados para a produção de outros bens e serviços" (CFC, 2011a, grifo nosso). Por sua vez, nessas mesmas definições da NBC T 16.11, "*gasto* é o dispêndio de um ativo ou criação de um passivo para obtenção de um produto ou serviço" (CFC, 2011a, grifo nosso). Sendo assim, haverá custo quando o gasto, ou dispêndio, ocorrer em função de uma atividade produtiva que **consuma** valores. Em outras palavras, o custo está relacionado ao esforço de produção. No caso do setor público, em sua administração direta, são os serviços que geram custos. É crucial, para diversas análises, a distinção entre valores associados às despesas (valores empenhados), quando dirigidos para custos (dirigidos ao esforço de produção de serviços), das demais despesas (investimentos, pagamentos de dívidas, compras de ações de determinadas empresas públicas ou privadas, transferências de recursos a qualquer título etc.). É exatamente de acordo com essa análise que a NBC T 16.11 se orienta. Trata-se da finalidade do levantamento de custos, ou do custeio, que indica tanto a validade do subsistema de custos quanto a sua consistência técnica e à oportunidade do emprego desse mesmo subsistema. Vamos a seguir discorrer sobre alguns pontos relevantes presentes na NBC T 16.11.

Finalidade do sistema de custos no setor público

Naturalmente, qualquer um dos subsistemas propostos nas novas normas de contabilidade visam coletar, sistematizar e recuperar dados. Com isso, são constantemente geradas informações úteis para a tomada de decisão. Um sistema de custos, ou um custeio, parte do princípio de que os custos são permanentemente acompanhados. Não existe um custo que ao longo do tempo permaneça o mesmo. Ele sempre mostra variações, seja pelos preços praticados ou por decorrência do processo produtivo (a tecnologia utilizada, problemas conjunturais, faltas momentâneas, acidentes etc.). Daí a finalidade principal do custeio: sistematizar os procedimentos para que os custos sejam verificados e mensurados, possibilitando a compreensão clara dos motivos pelos quais os custos variaram. Esse é o meio pelo qual ocorre o levantamento de custos.

A NBC T 16.11, ao descrever o objetivo do SICSP, indica que ele deverá mensurar, evidenciar e apoiar a avaliação de resultados; apoiar a decisão; auxiliar as funções de planejamento e os programas de controle de custos etc. Todas essas finalidades são de caráter gerencial, ou seja, visam dar fundamento ao processo de tomada de decisão no uso escasso de recursos disponíveis para o setor público.

Esse é de fato o grande mérito ou a finalidade de um sistema de custos: propiciar a máxima eficiência no uso dos recursos financeiros do Estado.

Definições conceituais de custos presentes na NBC T 16.11

As definições presentes na NBC T 16.11 são muito pertinentes. A norma foi bem elaborada, pois propicia meios seguros para a implementação de sistemas de custos e estabelece dois âmbitos, mesmo que não claramente. Um deles refere-se ao estabelecimento de um guia para que os administradores públicos consigam desenvolver sistemas de acompanhamento de custos consistentes a partir das informações disponíveis hoje na contabilidade. Outro, de caráter mais amplo, e que dificilmente será desenvolvido, inclui o **Custo de Oportunidade** e a **Receita Econômica**. O Custo de Oportunidade "é o custo objetivamente mensurável de melhor alternativa desprezada relacionada à escolha adotada" (CFC, 2011a). Para mensurar essa alternativa rejeitada, é necessário um esforço muito grande para a obtenção de informações, o que praticamente inviabiliza os processos de levantamento de custos dentro de administrações públicas, já que os recursos são limitados, como no caso dos municípios.

Mesmo no caso da União e dos estados, que dispõem de boas condições materiais, o esforço para a obtenção de informações relativas aos custos, associado aos mais diversos projetos e programas que em tese competem entre si, tornaria o setor público ainda mais oneroso. Não é seguramente uma alternativa viável. Tomemos como exemplo uma decisão de âmbito federal (da União) sobre qual seria o melhor programa para o combate a endemias no país. Imaginemos a existência de ao menos quatro alternativas. Como se trata de uma área complexa (saúde), pois diversos fatores interagem no caso de endemias, desde os aspectos socioeconômicos das populações atingidas até as condições em que a doença se propaga, o levantamento de custo de oportunidade (ou seja, um meio de comparação entre as alternativas de programas) seria praticamente o esforço de elaborar um quinto ou sexto programa, para verificar os recursos necessários e realizar uma comparação confiável entre as alternativas.

Quanto à Receita Econômica, definida como "o valor apurado a partir de benefícios gerados à sociedade pela ação pública" (CFC, 2012, p. 53), mesmo sendo "obtido por meio da multiplicação da quantidade de serviços prestados, bens ou produtos fornecidos, pelo custo de oportunidade, custo estimado, custo padrão etc." (Brasil, 2011a, p. 53), o problema é o mesmo. Para esses levantamentos de custos, exige-se um elevado número de dados, meios de sistematização e acompanhamento (que envolvem pessoas e equipamentos), os quais são seguramente onerosos. Sendo assim, alguns dos dados apresentados na NBC T 16.11 apresentam viabilidade e praticidade limitadas. Ademais, essas preocupações quanto ao custo de oportunidade e receita econômica, entre outras similares, estão presentes na literatura especializada desde a década de 1950 e, mesmo assim, ainda não apresentaram um resultado que fosse ao menos satisfatório.

O mais importante, assim, é verificar as outras definições presentes na NBC T 16.11, que podem, como foi dito, ser úteis na configuração de sistemas de custo nos diversos órgãos públicos. São aqui destacadas as seguintes (CFC, 2011a):

a. **Apropriação do custo** – esse é um item de muita importância para ser observado. A NBC T 16.11 define apropriação como "o reconhecimento do gasto de determinado objeto de custo previamente definido" (Brasil, 2011a, p. 51). Esse reconhecimento ocorre em um determinado momento específico, ou seja, quando do seu uso, utilização ou consumo. A condição temporal é importante (o momento, a data em que ocorre o custo), pois é nela que reside a informação relevante. Esse reconhecimento não irá ocorrer no momento da emissão da Nota de Empenho. Essa informação fora do momento do consumo geraria diversas distorções. Por isso não existe, até o momento, uma contabilidade de custos, mas tão somente a possibilidade de criação de um sistema de apropriação de custos. A administração deverá, desse modo, desenvolver um sistema de informações que seja devidamente orientado pela ocasião do consumo. Um exemplo disso é quando determinado órgão, seção ou departamento requer dado material para seu consumo. Caso exista um controle de estoques centralizado e suficientemente bem organizado que permita o ágil registro dessa demanda, será nesse exato momento que será registrado o custo. Caso as solicitações internas por materiais sejam feitas por outros fatores* que não a necessidade real de consumo, a apropriação ficará prejudicada, porque anacrônica, fora do tempo.

b. **Escolha do método** – existem variados métodos de apropriação de custos. O importante é observar o que a norma nos indica: "A escolha do método deve estar apoiada na disponibilidade de informações e no volume de recursos necessários para obtenção das informações ou dados. As entidades podem adotar mais de uma metodologia de custeamento, dependendo das características dos objetos de custeio" (CFC, 2011a, p. 52). Em outras palavras, a escolha do método deve se apoiar em necessidades objetivas, claramente identificadas; caso contrário, o esforço, sempre grande, de levantamento de custos resultará em um sistema caro e de pouca ou nenhuma serventia para o processo de tomada de decisão. Por isso é que as disponibilidades de informação tornam-se cruciais. As que existem estão assim porque já vinculadas a procedimentos existentes. Caso seja necessário levantar informações até então inexistentes, há a indicação de que o sistema de custeio será oneroso e desvinculado das rotinas

* * *

* Outros fatores que acabam por interferir na demanda por materiais na Administração Pública são: demora nos processos licitatórios, falta de informações claras para um gerenciamento de estoques eficaz, escassez de recursos financeiros, atrasos de pagamentos aos fornecedores e muitos outros mais que tornam a administração de materiais na setor público um exercício de habilidade dos administradores.

e dos procedimentos que ocorrem. Como a quase totalidade dos procedimentos contábeis nos órgãos públicos está hoje informatizada, bastará aos administradores proceder à sistematização de informações presentes nesses sistemas. Ademais, muitos (senão todos) desses sistemas informatizados de contabilidade já contam com meios específicos de levantamento de custos. Sendo assim, é crucial a verificação do que já existe de disponível para bem ocorrer uma consistente e aplicável escolha de método de custeio.

c. **De forma contínua ou por produção** – Novamente o que deverá contar na decisão por uma ou por outra forma serão as condições objetivas de levantamento de custos. Contudo, no caso da Administração Pública, que se caracteriza por ser uma prestadora de serviços, em sua essência, indicar custos por produção ou por ordem de serviço sugere uma metodologia de apropriação de custos inconsistente, pois inadequada à realidade. O recomendável é optar pela forma contínua, pois o mais relevante em um sistema de custos (e isso a NBC T 16.11 não apresenta) é a formação de uma cultura de custos. Isso significa promover em todos os servidores públicos, independentemente de posições hierárquicas, um relacionamento de extrema responsabilidade com os recursos públicos. Qualquer desperdício significa sempre um desrespeito para com o contribuinte. Sendo assim, recomenda-se a adoção de sistemas de custos de forma contínua, uma vez que, na prática, os custos deverão ser sempre mensurados, não importando se vinculados a programas, projetos ou atividades realizadas. O valor sempre deverá reunir três custos básicos: mão de obra (pessoal e encargos), material de consumo, depreciação (calculada com base no tempo) e insumos (energia elétrica, conta de água, permissionárias etc.).

Em resumo, os custos beneficiam as administrações públicas ao possibilitarem um uso eficiente dos escassos recursos pertencentes ao setor público. Escassos não somente porque difíceis de serem obtidos, mas principalmente porque seu uso exige a máxima parcimônia, ou seja, nunca deverá haver qualquer forma de desperdício, já que esses recursos pertencem à coletividade. Sendo assim, qualquer valor, não importa sua magnitude, é um recurso obtido de forma impositiva – portanto, sob obrigação. Nessa condição, o recurso é mitigado, não deve ser visto como abundante, pois não é fartamente disponível a ponto de exigir para sua obtenção o poder de tributação ou outro similar. Visto sob essa perspectiva, o recurso disponível para o setor público é aquele que falta ao público em geral. Dada essa falta, ele se torna duplamente valorizado. Trata-se de uma condição doutrinária que não deverá ser esquecida quando da implantação de sistemas de custos.

Exercícios resolvidos

1. Para controlar a Administração Pública, um município resolveu fazer uma ampla consulta à sua população. Após um período de debates, foram sugeridos os responsáveis pelo controle, com base na legislação e naquilo que todos entendiam como o melhor. Qual alternativa a seguir indica quem deve controlar o setor público?
    a. ( ) O Legislativo, o Executivo e os Tribunais de Contas.
    b. ( ) O Judiciário, a imprensa e os Tribunais de Contas.
    c. (x) O pessoal interno, as instituições externas e a sociedade.
    d. ( ) O setor administrativo e orçamentário, a tesouraria e a justiça comum.
    e. ( ) Os Tribunais de Contas, tanto do Estado quanto da União.

Comentário: O controle deve servir como ferramenta de correção e ajuste da administração e também servir à transparência e ao controle social da população, garantindo de certa forma a autonomia dos controladores.

2. Assinale (V) para verdadeiro ou (F) para falso quanto à finalidade do controle interno, de acordo com a Constituição Federal:
   a. (**V**) Apoiar o controle externo no exercício de sua missão institucional.

Comentário: A missão institucional do Tribunal de Contas é a de averiguar a legalidade dos atos e a correta aplicação dos recursos públicos. Ao apoiar essa missão, o controle interno não só atende a um requisito legal, como também comprova que já realiza parte de suas atividades de controle.

   b. (**F**) Aprovar ou não o parecer do controle externo.

Comentário: Não cabe ao controle interno a análise sobre a auditoria externa ou do parecer do Tribunal de Contas, dada a autonomia desse órgão sobre os demais poderes. Pode ele utilizar das informações dos apontamentos do Tribunal como pontos a serem observados pelo controle interno como pontos críticos.

   c. (**V**) Avaliar o cumprimento das metas previstas no plano plurianual e a execução dos programas de governo.

Comentário: Aqui um dos maiores desafios do controle interno é o acompanhamento do quanto o governo faz e quanto gasta para isso. Portanto, deve o controle interno avaliar as metas do Plano Plurianual.

d. (F) Cuidar exclusivamente da prestação de contas do ensino e da saúde.

Comentário: Como já vimos, auxiliar o controle externo é uma das funções do controle interno, mas não é a sua única atividade.

e. (V) Comprovar a legalidade e avaliar os resultados, quanto à eficácia e eficiência, da gestão orçamentária, financeira e patrimonial.

Comentário: Aqui a prova de que o controle interno é mais do que simplesmente conferir a legalidade dos atos da Administração Pública. Mais do que isso, a análise do desempenho e da eficiência dos resultados devem ser verificadas também pelo controle interno.

3. Ao definir um sistema de custos para determinado órgão público, um grupo de administradores definiu que a apropriação de custos deveria ocorrer por meio da(o):
   a. ( ) Divisão proporcional de custos diretos e indiretos de cada objeto de custos.
   b. (x) Reconhecimento do gasto de determinado objeto de custo previamente definido.
   c. ( ) Atribuição dos custos dos serviços somente pela despesa empenhada.
   d. ( ) Distribuição dos gastos acumulados em períodos predeterminados.
   e. ( ) Apropriação dos custos individualizada por unidade orçamentária.

Comentário: Uma das vantagens de um sistema de custos é acompanhar sistematicamente os gastos a serem analisados por determinado tempo. Para que isso ocorra, é necessário que se defina o que se quer acompanhar, determinando previamente um objeto de custo.

Para saber mais

O livro de Nelson Machado é recomendado para o estudo do tema *custos*. Quanto ao controle no setor público, uma leitura recomendada é o agora clássico livro de Bresser-Pereira e Spink. Nele são apresentados os problemas fundamentais de uma reforma do Estado com vistas ao aumento do controle.

MACHADO, N. **Sistema de informação de custo:** diretrizes para integração ao orçamento público e à contabilidade governamental. Brasília: Enap, 2005.

BRESSER-PEREIRA, L. C.; SPINK, P. **Reforma do Estado e Administração Pública gerencial**. São Paulo: FGV, 1998.

Perguntas & respostas

1. **A implantação de um sistema de custos é possível, tendo em vista a pouca experiência existente?**

   Um sistema de custos não é somente uma rotina de natureza contábil. Envolve também uma cultura, ou seja, um conjunto de atitudes de todos no controle cotidiano de gastos. O setor público controla suas despesas mais pela escassez, pela contenção ou restrição, do que pelo uso eficiente. Sendo assim, hoje o maior desafio é entender que, mesmo havendo recursos disponíveis para realizar o que a Administração Pública exige, ganhos nos resultados (tais como preços menores, economias de insumos, diminuição de desperdícios e outras ações dessa natureza) poderão ser efetivamente obtidos caso seja desenvolvido um sistema de custos de apoio capaz de demonstrar onde há uso indevido de recursos.

2. **A sociedade está preparada para exercer um controle social sobre a Administração Pública?**

O tema do controle social é amplo e complexo. Alguns entendem que basta haver denúncias quando ocorre uso indevido de recursos da Administração Pública. Não é somente isso. A experiência de muitos países nos ensina que a prática de assumir responsabilidades em função de um avanço social, ou seja, em busca de uma sociedade de iguais condições entre todos os cidadãos, é o melhor meio de promover o desenvolvimento, e os diversos demonstrativos previstos na Lei n. 101/2000, entre outros mais, são importantes para isso. Embora ainda não estejamos todos voltados para uma prática política mais forte, que não se restrinja a somente participar de eleições, mas que inclua também o envolvimento direto com ações mais efetivas, o que hoje nossa legislação nos oferece é muito importante.

Consultando a legislação

Na Lei n. 4.320/1964 – comentada por Heraldo da Costa Reis e Machado Jr. (1999) –, destacamos o art. 35, que traz interessantes apontamentos legais. Na Lei Complementar n. 101/2000, o tema de **custo** está explicitado no art. 4º, inciso I, alínea "e". Porém, ao longo da lei há outras menções implícitas. A Norma Brasileira de Contabilidade Aplicada ao Setor Público NBC T 16.8 determina as disposições sobre o controle interno. A NBC T 16.9 disciplina a depreciação, a amortização e a exaustão, aspectos importantes para a contabilização de custos. A NBC T 16.2 refere-se ao sistema de custos que se pretende implementar. Há várias outras referências legais esparsas, mas as aqui citadas são as fundamentais.

Para concluir...

Após a leitura atenta desta obra, fortemente influenciada pelas novas orientações internacionais para a contabilidade pública no Brasil, esperamos que você tenha percebido os pontos relevantes aqui sublinhados. Queremos destacar que as novas normas de contabilidade representam um importante avanço. Muitos subsistemas serão introduzidos, oferecendo não somente maior capacidade gerencial (e, portanto, maior eficiência e eficácia), mas sobretudo maior controle da sociedade sobre o setor público.

Devemos destacar que esse controle não se pauta em somente coibir erros e o mau uso de recursos públicos. O que se almeja é que cada vez mais haja uma contribuição efetiva dos administradores públicos para que as desigualdades sociais sejam superadas. Naturalmente, ainda decorrerá um bom tempo para que essa realidade se configure, mas, ao oferecer meios práticos de registro contábil padronizados, novos instrumentos de controle por meio de demonstrativos mais acurados e baseados em informações antes não levantadas, a contabilidade aplicada ao setor público está dando um passo importante nessa direção.

Referências

BRASIL. Constituição Federal (1988). **Diário Oficial da União**, Brasília, DF, 5 out. 1988.

______. Decreto-Lei n. 200, de 25 de fevereiro de 1967. **Diário Oficial da União**, Poder Legislativo, Brasília, DF, 27 fev. 1967. Disponível em: <http://www.planalto.gov.br/ccivil_03/decreto-lei/Del0200.htm>. Acesso em: 15 nov. 2015.

______. Lei n. 4.320, de 17 de março de 1964. **Diário Oficial da União**, Poder Legislativo, Brasília, DF, 23 mar. 1964. Disponível em: <http://www.planalto.gov.br/ccivil_03/Leis/L4320.htm>. Acesso em: 15 nov. 2015.

______. Lei n. 10.028, de 19 de outubro de 2000. **Diário Oficial da União**, Poder Legislativo, Brasília, DF, 20 out. 2000a. Disponível em: <http://www.planalto.gov.br/ccivil_03/LEIS/L10028.htm>. Acesso em: 15 nov. 2015.

______. Lei Complementar n. 101, de 4 de maio de 2000. **Diário Oficial da União**, Poder Legislativo, Brasília, DF, 5 maio 2000b. Disponível em: <http://www.planalto.gov.br/ccivil_03/leis/LCP/Lcp101.htm>. Acesso em: 15 nov. 2015.

BRASIL. Ministério da Fazenda. Portaria n. 184, de 25 de agosto de 2008. **Diário Oficial da União**, Poder Legislativo, Brasília, DF, 26 ago. 2008. Disponível em: <http://www.fazenda.gov.br/institucional/legislacao/2008/portaria184>. Acesso em: 15 nov. 2015.

BRASIL. Ministério da Fazenda. Secretaria do Tesouro Nacional. **Manual de Contabilidade Aplicada ao Setor Público**: Aplicado à União, aos Estados, ao Distrito Federal e aos Municípios. 6. ed. 2014. Disponível em: <http://www.tesouro.fazenda.gov.br/documents/10180/456785/CPU_MCASP+6%C2%AA%20edi%C3%A7%C3%A3o_Republ2/fa1ee713-2fd3-4f51-8182-a542ce123773>. Acesso em: 1º nov. 2015.

______. **Manual de Contabilidade Aplicada ao Setor Público**: Aplicado à União, aos Estados, ao Distrito Federal e aos Municípios – Parte Geral. In: ______. ______. 5. ed. 2012a. Disponível em <http://www3.tesouro.fazenda.gov.br/legislacao/download/contabilidade/Parte_Geral_Introducao_MCASP.pdf>. Acesso em: 2 nov. 2015.

BRASIL. Ministério da Fazenda. Secretaria do Tesouro Nacional. **Manual de Contabilidade Aplicada ao Setor Público:** Aplicado à União, aos Estados, ao Distrito Federal e aos Municípios – Parte IV – Plano de Contas Aplicado ao Setor Público. In:______.______. 5. ed. 2012b. Disponível em: <http://www.tesouro.fazenda.gov.br/documents/10180/113505/Parte_IV_PCASP2012.pdf>. Acesso em: 11 mar. 2016.

______. **Manual de Contabilidade Aplicada ao Setor Público:** Aplicado à União, aos Estados, ao Distrito Federal e aos Municípios – Parte V – Demonstrações Contábeis Aplicadas ao Setor Público. In: ______. ______. 5. ed. 2012c. Disponível em: <http://www.cnm.org.br/contadores/img/pdf/manuais_da_stn_2013/Mcasp-parte%20V.pdf>. Acesso em: 11 mar. 2016.

BRASIL. Ministério da Fazenda. Tesouro Nacional. Portaria n. 438, de 12 de julho de 2012. **Diário Oficial da União**, Brasília, DF, 12 jul. 2012d. Disponível em: <http://www3.tesouro.gov.br/legislacao/download/contabilidade/Portaria_STN_438_Atualizacao_Anexos_Lei_4320.pdf>. Acesso em: 11 mar. 2016.

______. Portaria n. 665, de 30 de novembro de 2010. **Diário Oficial da União**, Poder Legislativo, Brasília, DF, 30 nov. 2010. Disponível em: <http://www3.tesouro.gov.br/legislacao/download/contabilidade/Port_665_2010.pdf>. Acesso em: 1º nov. 2015.

BRASIL. Tesouro Nacional. **Manuais.** Disponível em: <http://www.tesouro.fazenda.gov.br/manuais-contabilidade>. Acesso em: 1º nov. 2015a.

BRASIL. Tesouro Nacional. Conselho Federal de Contabilidade. **Orientações Estratégicas para a Contabilidade Aplicada ao Setor Público no Brasil.** Disponível em: <http://www3.tesouro.gov.br/contabilidade_governamental/downloads/CCASP_Orientacoes_Estrategicas_Contabilidade.pdf>. Acesso em: 1º nov. 2015b.

CFC – Conselho Federal de Contabilidade. Resolução n. 750, de 29 de dezembro de 1993. **Diário Oficial da União**, Poder Legislativo, Brasília, DF, 31 dez. 1993. Disponível em: <http://www.cfc.org.br/sisweb/sre/detalhes_sre.aspx?Codigo=1993/000750>. Acesso em: 15 nov. 2015.

______. Resolução n. 1.111, de 29 de novembro de 2007. **Diário Oficial da União**, Poder Legislativo, Brasília, DF, 05 dez. 2007. Disponível em: <http://www.cfc.org.br/sisweb/sre/detalhes_sre.aspx?Codigo=2007/001111>. Acesso em: 15 nov. 2015.

______. Resolução n. 1.128, de 21 de novembro de 2008. **Diário Oficial da União**, Poder Legislativo, Brasília, DF, 25 nov. 2008a. Disponível em: <http://www.cfc.org.br/sisweb/sre/detalhes_sre.aspx?Codigo=2008/001128>. Acesso em: 17 nov. 2015.

CFC – Conselho Federal de Contabilidade. Resolução n. 1.129, de 21 de novembro de 2008. **Diário Oficial da União**, Poder Legislativo, Brasília, DF, 25 nov. 2008b. Disponível em: <http://www.cfc.org.br/sisweb/sre/detalhes_sre.aspx?Codigo=2008/001129>. Acesso em: 17 nov. 2015.

_____. Resolução n. 1.130, de 21 de novembro de 2008. **Diário Oficial da União**, Poder Legislativo, Brasília, DF, 25 nov. 2008c. Disponível em: <http://www.cfc.org.br/sisweb/sre/detalhes_sre.aspx?Codigo=2008/001130>. Acesso em: 17 nov. 2015.

_____. Resolução n. 1.132, de 21 de novembro de 2008. **Diário Oficial da União**, Poder Legislativo, Brasília, DF, 25 nov. 2008d. Disponível em: <http://www.cfc.org.br/sisweb/sre/detalhes_sre.aspx?Codigo=2008/001132>. Acesso em: 17 nov. 2015.

_____. Resolução n. 1.133, de 21 de novembro de 2008. **Diário Oficial da União**, Poder Legislativo, Brasília, DF, 25 nov. 2008e. Disponível em: <http://www.cfc.org.br/sisweb/sre/detalhes_sre.aspx?Codigo=2008/001133>. Acesso em: 17 nov. 2015.

_____. Resolução n. 1.135, de 21 de novembro de 2008. **Diário Oficial da União**, Poder Legislativo, Brasília, DF, 25 nov. 2008f. Disponível em: <http://www.cfc.org.br/sisweb/sre/detalhes_sre.aspx?Codigo=2008/001135>. Acesso em: 17 nov. 2015.

_____. Resolução n. 1.136, de 21 de novembro de 2008. **Diário Oficial da União**, Poder Legislativo, Brasília, DF, 25 nov. 2008g. Disponível em: < http://www.cfc.org.br/sisweb/sre/detalhes_sre.aspx?Codigo=2008/001136>. Acesso em: 17 nov. 2015.

_____. Resolução n. 1.366, de 25 de novembro de 2011. **Diário Oficial da União**, Poder Legislativo, Brasília, DF, 2 nov. 2011a. Disponível em: <http://www2.cfc.org.br/sisweb/sre/detalhes_sre.aspx?Codigo=2011/001366>. Acesso em: 19 nov. 2015.

_____. Resolução n. 1.367, de 25 de novembro de 2011. **Diário Oficial da União**, Poder Legislativo, Brasília, DF, 2 nov. 2011b. Disponível em: <http://www.normaslegais.com.br/legislacao/resolucao-cfc-1367-2011.htm>. Acesso em: 19 nov. 2015.

_____. **Normas Brasileiras de Contabilidade**: Contabilidade Aplicada ao Setor Público. Brasília: Conselho Federal de Contabilidade, 2012. Disponível em: <http://portalcfc.org.br/wordpress/wp-content/uploads/2013/11/setor_publico.pdf>. Acesso em: 24 fev. 2016.

CNM – Confederação Nacional de Municípios. **Normas Internacionais de Contabilidade para o Setor Público**. 2010. Disponível em: <http://www.cnm.org.br/contadores/img/pdf/normas_internacionais_de_contabilidade/NornasInternacionaisdeContabilidadeparaoSetorPublico.pdf>. Acesso em: 1 nov. 2015.

MINAS GERAIS. Secretaria de Estado da Fazenda. **Relatório resumido da execução orçamentária.** 2007. Disponível em: <http://www.fazenda.mg.gov.br/governo/contadoria_geral/lrf/5-2007/bimestre6/anexoVI.pdf>. Acesso em: 1 nov. 2015.

MINAS GERAIS. Secretaria de Estado da Fazenda. Subsecretaria do Tesouro Estadual. Relatório resumido da execução orçamentária. Demonstrativo do resultado nominal. Orçamento fiscal: janeiro a dezembro de 2007 – bimestre novembro-dezembro. **Jornal Minas Gerais**, anexo VI, p. 14-23, 30 jan. 2008. Disponível em: <http://www.fazenda.mg.gov.br/governo/contadoria_geral/lrf/5-2007/bimestre6/anexoVI.pdf>. Acesso em: 27 nov. 2015.

REIS, H. da C.; MACHADO, J. T. **A Lei 4. 320 comentada**. Rio de Janeiro: Ibam, 1999.

TCU – Tribunal de Contas da União. Secretaria de Fiscalização e Avaliação de Programas de Governo. **Manual de Auditoria Operacional**. 3. ed. Brasília: TCU, 2010.

Sobre os autores

Alvaro Martim Guedes é graduado, mestre e doutor em Administração Pública pela Fundação Getulio Vargas (FGV-SP). É professor responsável por disciplinas de Contabilidade Pública na Universidade Estadual Paulista (Unesp), em Araraquara.

João Paulo Silvério é administrador público graduado pela Unesp, com especialização em Administração Pública pela mesma instituição. Atua como professor em cursos de graduação e pós-graduação nas áreas de Contabilidade e Orçamento Público e ministra cursos para diversos órgãos públicos. Atualmente, é assessor técnico da Fiorilli Software.

Os papéis utilizados neste livro, certificados por instituições ambientais competentes, são recicláveis, provenientes de fontes renováveis e, portanto, um meio responsável e natural de informação e conhecimento.

FSC
www.fsc.org
MISTO
Papel produzido a partir de fontes responsáveis
FSC® C074432

Impressão: Maxi Gráfica
Julho / 2020